不登校の子どもへのつながりあう登校支援

対人関係ゲームを用いたシステムズ・アプローチ

田上不二夫
［著］

金子書房

はじめに

この本の内容は一九七〇年代から二〇一〇年代にかけて、大学の相談室を中心にして学校に行きたがらない子どもの登校支援に取り組んできた一個人の証言である。

私がカウンセラーとして不登校児童生徒の登校支援に取り組むようになって四〇年以上の歴史がある。不登校の問題にかかわってきた関係者が時間軸にそって自分自身の経験を語ることをあざなえば、現在までの不登校の問題の経緯が明らかになり、次の世代の取り組みにつながるかもしれない。このような気持ちがしている。

登校支援を目的に私が考案した対人関係ゲームは、「個」を育てるのではなく、個をとりまく関係性やシステムに介入するカウンセリング技法である。その点でソーシャルスキル学習によって人間関係を改善する、SST（ソーシャルスキル・トレーニング）のような個を育てるカウンセリングとは異なる。システムとは複数の要素で構成されていて、それぞれの要素が相互に影響し合っている集合体をいう。対人関係ゲームによって介入する学級システムには、児童生徒だけではなく教師も含まれる。子ども同士、教師と子どもの関係性がよくなると、教師の影響力が増して授業にも変化が起こることがわかってきた。

対人関係ゲームの開発の経緯において印象的なこととして、想い出すことが一つある。理論的枠組みができあがり、いよいよ学会誌に研究論文を公表する段になったときのこと。「対人関係ゲーム」の英語表記が必要になったが、長野県での私の研究会にかかわっていた信州大学の高橋知音教授から待ったがかかった。和製英語を作ってはならないという趣旨だった。しばらくして、「いろいろ検索して研究論文をあたってはみたが、対人関係ゲームに類似したものが（英語圏に）存在しない。日本語で命名してよい」という回答があった。高橋教授の見識の高さを知り労に感謝すると同時に、対人関係ゲームは日本の文化や学校風土に深く根ざしていることに思いいたった。

私は不登校児童生徒の支援を続けていたが、それだけでは足りなくなってきた。たとえていえば、水道の水が床にたれているとき、濡れた床を拭くことはもちろん必要だが、濡れた床を拭き続けているだけでは埒が明かない。水道の蛇口を締めることを忘れてはならない。学校に行きたがらない・行かない子どもへの登校支援を続けるうちに児童生徒が登校を続けるのに何が必要であるのかが少しずつわかってきた。しだいに登校支援そのものから不登校を発生させにくい学級集団づくりや楽しい体験をともにできる子どもの群れづくりに取り組むようになっていった。私たちの活動が少しでも水の漏れを少なくすることにつながっていくことを願う。

不登校の歴史を証言しようとこれまでを振り返って思うのは、私の人生にとって大切な人との出会いがそれぞれの時代にあり、意味のある時間を過ごしてきたということである。その出会いは、今の自分の考えや行動につながっている。

本書の誕生には、出版という機会をいただいた金子書房の金子紀子社長をはじめ編集部の皆様の応援がある。編集担当の渡部淳子さんと推敲を重ねたのも楽しい時間であった。記して感謝したい。

二〇一六年八月

田上不二夫

目次

本書の事例は、筆者の記憶によるものに創作が加えられています。

1章
不・登校問題と私

1　不登校問題のはじまり

勤務先の大学の研究室や学外で主宰する研究会のメンバーとともに、私は四〇年以上にわたって不登校の問題に取り組んできた。カウンセラーとして、初期には児童生徒に寄り添いながら行動療法の標準的な技法を使って自ら子どもを援助していたが、そのうち教師こそが子どもにとって適任の援助者ではないかと思うようになった。そして、教師が使える登校支援の技法のひとつである対人関係ゲームというカウンセリング技法を開発し、学級システムへの介入に取り組んでいった。私のこれまでの経験を振り返りながら、なぜそのような考えに至ったのかを紹介し、より適切な登校支援とは何かを読者の皆さんと一緒に探究していきたい。

文部科学省（註）による不登校の定義は次のように示されている。「病気によるものと経済的理由を除き、年間三〇日以上の欠席があるもの」。これは状態の視点からの定義であ

註　二〇〇一年一月の中央省庁再編により、旧文部省は文部科学省に再編された。本書では編成以前の記述では文部省、それ以後の記述では文部科学省と記した。

る。この不登校の問題はいつごろから社会問題となったのであろう。一九五〇年代半ばから、大学に設置されている相談室のカウンセラーや児童精神医学の専門家の間では知られるようになった。

それ以前にも、学校に来ない児童生徒は存在した。戦後、紙不足で出版が困難な時代に創刊された心理教育の月刊誌『児童心理』（金子書房）は、二〇一五年に第一〇〇〇号を超えた。私はかつてこの雑誌の編集委員を務めたことがあり、創刊五〇周年の記念号に、創刊当時の子どもたちの問題について、『児童心理』に掲載された論文を振り返り原稿にまとめたことがある。そのなかには、登校しない子どもの問題もあった。

日本は戦争で多くのものが破壊されてしまった。社会全体が貧しかった。私は敗戦から六年後の一九五一年に小学校に入学したが、東京の区部においても教室が不足していて、一年生と二年生は同じ教室を時間をずらして使用していた。

その当時は経済的に学校で学ぶことができない子どもたちがいた。貧しくて食べることも難しく、弟や妹の子守をして家事の手伝いをしていた。子どもたちは労働を分担していたのである。一人前に働いている年長の子どもたちもいた。漁業を営む家では、豊漁で人手が足りず、子どもでも漁に出ればお金が手に入った。学校に行かなくても十分に社会生活が送れたのである。少年たちは学校に行くまでもなく、すでに社会人として生活を成り立たせていた。学校に行かないことがそれほど特別なことではなかったのかもしれない。

日本の社会が落ち着きを取り戻すにつれて、経済的な理由から登校できない子どもの数は減っていった。一九四八年に文部省の学校基本調査が始まったが、学校嫌いで学校に登校しない子どもの調査を始めたのは一九六六年からである。経済的問題、病気、学校嫌い、その他の四分類で、初期には年間五〇日以上の欠席を基準に調査していた。一九六六年の時点で、すでに学校嫌いが理由で登校しない子どもが経済的理由や病気から学校を休む子どもを抜いて、理由別でもっとも多くなっている。教師たちをとくに驚かせたのは、非行で学校を休む生徒はいたが、学業成績もよく校則もしっかり守って学校生活によく適応していると思われた子どもが、突然学校に来なくなることだった。登校できる条件がそろっているのに、なぜ登校できないのか。教師たちには何が起きたのか理解しにくかった。

一九六〇年代に入ると、大学の相談室のカウンセラーや児童精神科医が、積極的に不登校の問題に取り組んだ。登校時間になると、子どもたちに腹痛や微熱などのいろいろな身体症状が現れる。これらの症状は、学校を休んで午後になると消えていく。明らかに登校に関連して生じる身体反応であり、このような症状は、学校恐怖症と呼ばれた。その原因は、欧米の文献にもとづいて、母子分離不安などの母子関係に問題があると考えられた。花谷・高橋(11)によると、一九六〇年代の不登校に関する文献では、本人および家庭に問題があるとみている論文が七五～九〇%を占めている。

一九五〇～一九七三年は高度経済成長期といわれ、社会はしだいに豊かになってきた。現在と比較して、その時代には不登校の児童生徒はわずかであったが、そこからさらに減りつつあった（図1）。

2 不登校の増加が社会問題となる

不登校がしだいに増え始めるのは、日本の産業が安定成長期に入った一九七五年ごろからである。なぜ不登校児童生徒が増えてきたのか。社会生活が豊かになるにつれて家庭が居心地のよい場所になってきたのに対し、学校の魅力が相対的に低下したことと関連していると考える人もいた。また、人々の生活が豊かになってきて、親が子どもに高等教育を受けさせる経済的な余裕が出てきたことから進学する子どもの数が増え、受験競争は激しさを増した。教師は大学受験の学力をつけようとやっきになった。勉強などのストレスが増加したことが不登校増加の原因ではないかと指摘する人もいた。また、子どもたちの人間関係の難しさも増してきた。価値観の多様化もあろう。

不登校の増加には社会的影響が大きいと思われるし、学校環境の影響も無視できない。しかし同じような環境でも多くの児童生徒は登校を続けている。大多数の子どもは登校しているのにごく一部の子どもが不登校になっていることから、不登校を起こす子どもは何らかの個人的問題を抱えていると考えられた。

一九八三年に文部省が発行した生徒指導資料第18集には、「登校拒否はさまざまな原因や背景が複雑に絡み合って起こるものだが、一般的には、生徒本人に登校拒否の下地とも言える登校拒否を起こしやすい性格傾向ができており、それが何らかのきっかけによって登校拒否を招くものと考えられている」と、特別な子どもが不登校になると述べられている。

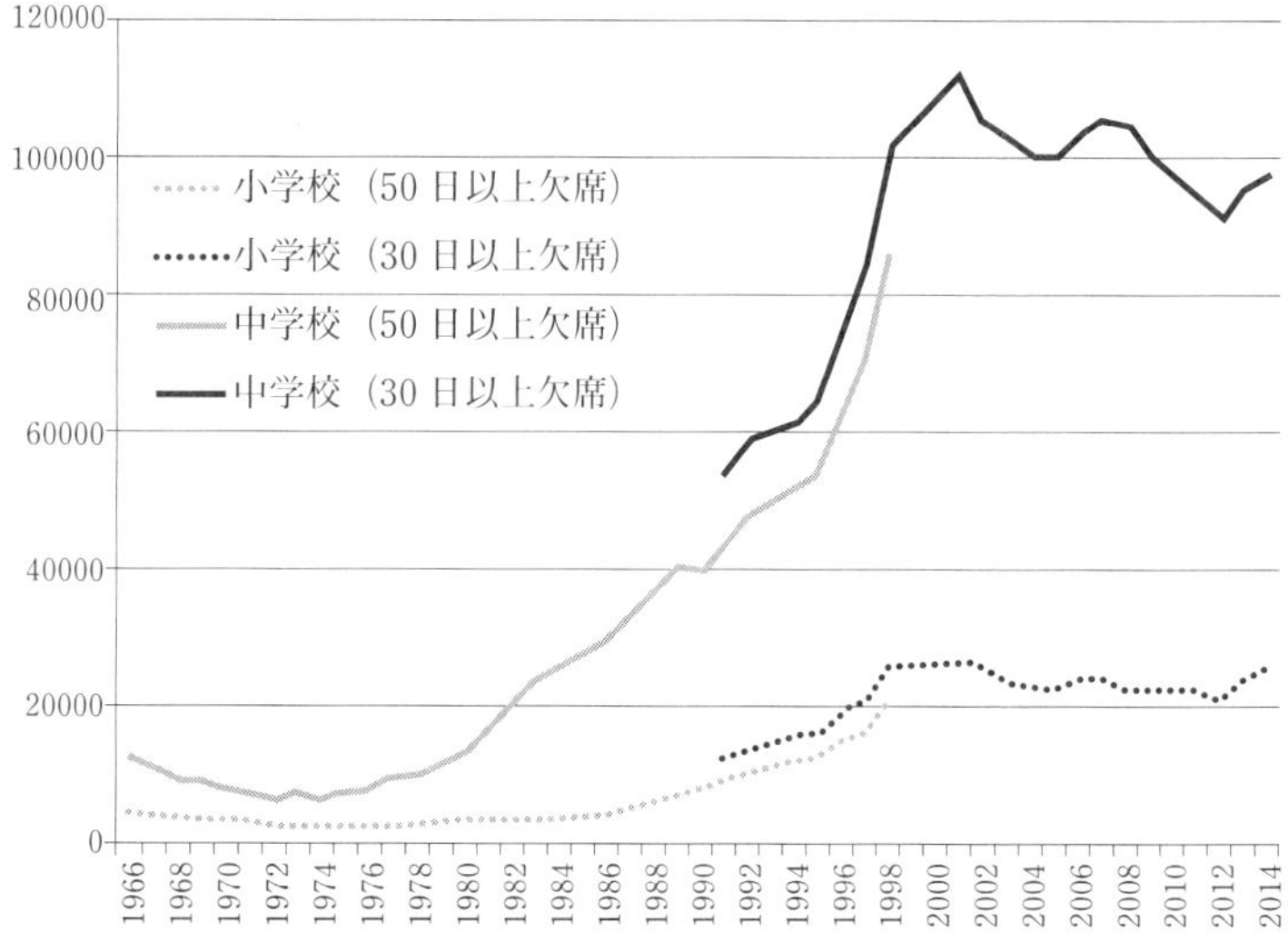

図1　不登校の発生件数の推移
（文部科学省「学校基本調査」から作成）

不登校を起こすのはどのような子どもなのか。不登校の代表的な分類は、分離不安型、優等生の息切れ型、過保護による未成熟型である[21]。分離不安型は幼児や小学校低学年に多く、親から心理的に離れられないためと考えられた。優等生の息切れ型は、親や教師の期待に応えようとがんばっていたが期待に応えられなくなり、突然のように登校しなくなり、そのまま不登校が継続するという特徴がある（急性タイプ）。未熟型は社会的、情緒的に未熟で、困難や失敗を避けて繰り返し家庭に逃避するために不登校が繰り返されると考えられた（慢性タイプ）[12]。

また不登校の子どもたちについての調査によると、性格的には内向的な子どもが多く[35]、友人関係が少ないことが指摘されている[26]。また学業成績は上位の子どもが多い[58]。

一九七〇年代の終わりから一九八〇年代に入ると、不登校の原因は子どもとその家族にあるという考え方に対して異論が出始める。不登校の子どもにかかわっていた専門家は、出会った不登校の子どもはさまざまであり、家庭もいろいろであることから、特定の子どもや家庭から不登校の子どもが出るのではないと気づき始める。医師である渡辺[61]もその一人である。不登校の児童生徒は自我が未熟というのではなく、彼らを受け入れる学校のあり方と社会構造に問題があると主張している。奥地[31]は不登校の子どもを抱える親として、また教師としての自分の複雑な心境と変容をていねいに述べている。そして奥地たちが中心になって東京シューレが一九八五年に誕生した。そこは不登校の子どもたちが通ってきて、子どもたちを中心とした学びをつくりだす場所となった。一九八〇年代後半から一九九〇年代前半にかけて、学校のあり方に問題があるのではという文献が大幅に増加してくる(11)。

不登校の増加をくい止めようと、文部省は不登校の子どもの再登校を援助するために、一九九〇年に学校と家庭の中間段階の場所として適応指導教室を創設した。また一九九五年からはスクールカウンセラーを中学校に配置して不登校児童生徒を減らすための施策を行ってきたが、なお不登校の子どもは増え続けた。

私が不登校問題に取り組み始めたのは、不登校が増え始めた一九八四年からである。それから一九九〇年代に文部省が施策を方向転換するまでの間、特定の子どもが不登校になるという言説が主流であった時代に私は何をしていたのだろう。私は自分の体験から、不登校の子どもに登校できなくなる重篤な問題があるという説には同意できなかった。不登校の子どものいる家庭を掘り下げて調べれば、何かしらの問題は出てくるかもしれない。しかし、登校している子どもの家庭を調べれば、やはり問題が見つかるに違いない。子ども本人・親の養育原因説は、科学的根拠を欠いていると思っていた。このような考えをもったのは、自閉症の支援に取り組んでいたことも影響していたかもしれない。

私は大学院生のころ、指導教員のもとで東京教育大学教育相談研究施設の相談室で臨床活動を始めた。そこで最初に取り組んだのは、自閉症の幼児の援助だった。一九七〇年代当時は自閉症が障害と認知されておらず、子どもが生まれた早期の親の養育態度に問題があるという言説が広がっていた。自閉症の子どもの母親に高学歴の人が多いという理由で、母性に問題のある理知的な母親の育て方に問題があるのではないかと言われ、「小さいときに子どもに手がかからなかった」という母親の回想から、乳児期の話しかけやスキンシップが不足していたのではないかと非難された。

それに対して、私が在籍していた東京教育大学の相談室では行動療法が盛んであり、参加していた援助チームでは、自閉症は言語行動や社会的行動の学習が困難なために起こると考えられていた。私たちは、条件づけモデルに従って自閉症幼児の言語学習や集団行動の援助に取り組んでいた(55)(57)。難しい子どもを抱えている親は養育の困難さで苦しんでいるのであり、心理的サポートと養育についての援助が必要と考えていた。

不登校の急増は文部科学省の学校基本調査からもわかるように、一九七〇年代の後半からである(図1、7頁)。一九七四年に私が東京教育大学教育相談研究施設の助手になったときには、相談室で自閉症幼児のほかに不登校の子どもも担当するようになった。不登校の子どもは内向性という特性があり、罰つまり不快な刺激に条件づけられやすい傾向がある。学校の中で起こったネガティブな出来事によって、教室に対して不快な情動が条件づけられたのではという行動療法のモデルに従って、私は不快な情動反応を消去する漸次接近法を使って援助を始めた。漸次接近法は、登校までの道のりを細かく分けて、朝起きるところから少しずつ教室に接近していく方法である。

当時の不登校児童生徒の類型について行動論的に考えると、分離不安型は、幼稚園や学校生活という新しい環境への回避行動と考えられる。優等生の息切れ型は、学校生活で優等生でいることが苦痛になったことによる学校からの回避行動である。未熟型は教師の叱責、クラスメイトとのトラブル、学業での失敗体験など、いずれかのネガティブな体験に対する過敏性から教室を回避しているものと考えられる。漸次接近法を実施するときには、それぞれの状況に合わせる必要がある。

ホットなテーマとして、一九八〇年代には不登校に関する研究がさかんに行われた。私は、これらの研究成果をまとめて不登校に関する著書を公刊したが(46)、その当時から私の不登校支援の考え方は変わっていないと指摘されることがある。その著書の前書きに、生活環境の中での障害として、不登校問題についての自分の考えを次のように述べている。腕が四本あって自由に使えれば便利かもしれないが、二本しかなくてもほとんど不自由を感じない。腕が二本ということを前提として生活環境がつくられているからである。脚が不自由であっても車いすで移動できるように社会環境が整備されていれば、障害が障害とならないこともある。不登校問題でも同じであろう。集団生活や学習が苦手だからといって不登校になるわけではない。集団生活や学習を苦手とする子どものニーズにきちんと対応できる学校環境が、重要なのである。

一九八〇年代に入ると、学校環境の問題が取り上げられるようになってきた。不登校体験者の手記も公刊されるようになり、当事者たちに何が起こり、何を感じ、何を考えているのかが伝えられるようになった(38)。また、東京シューレの子どもたちが作成した自分たちの学びを映したビデオ『いとおかし東京シューレ』は参考になる内容だった。VTRで見るかぎり、東京シューレの子どもたちは生き生きしていた。自由に過ごしたり学習したり、どこで学んでもよい自由さがあった。もし不登校の子どもに、学ぶことや集団生活することに重大な問題があるとするならば、東京シューレにおいても生活できないのではないか。少なくとも、不登校の児童生徒のなかに集団生活をやっていける子どもが含まれている。不登校問題は、学校環境と子どもとの折り合いという視点からも考える必要がある。

一九九〇年に文部省は適応指導教室の設置を始めた。不登校を起こした子どもが適応指導教室に通うことができるなら、学校環境のほうを工夫することができないだろうか。子どもに問題があるから登校できないというのは変だと思った。子どもたちにはいろいろな特性があり未熟な点があるのだから、学校で受け入れて教育するのが社会から託された学校の役割ではないのだろうか。私はそのように思い始めた。

私は大学時代に児童文化研究会に所属しており、児童憲章に共感して情熱をもって教師をめざしている多くの学生と一緒にサークル活動をした経験もあって、教師への期待が大きい。しかし、私自身は教師になることは考えなかった。私は子ども時代に学校で人間関係など特別にいやな体験をしたわけではない。テストの点数を重視する学校の影響を受けて、私はテストの点数では自分の存在は評価できないという思いがあるにもかかわらず、テストの結果で心理的に動揺する自分がふがいなかった。中学・高校時代をそのような気持ちで過ごした。個を確立し自律的に生きようとする自分と、社会的評価の間で揺れていた。そのような葛藤から解放されたのは大学生になってからであった。今でも世間から「学力」「学力」という声が聞こえてくるたびに、「テストの点数で、子どもをいじめるようなことがあってはならない」と、心のなかでつぶやいている自分がいる。

私が援助した不登校生徒のなかには、高校を中退して予備校に通い、高等学校卒業程度認定試験を受けて大学を受験した人が何人かいる。カウンセリングの継続を希望した人とは大学受験終了まで面接を続けたが、高等学校卒業程度認定試験と希望する大学の受験ではレベルにかなり違いがある。自分で学習を進めていかなくてはならないので、受験をめざしてかなり苦労している様子が伝わってきた。不登校で高校を中退した人のなかには、苦労してでも勉強するがんばり屋がいた。なぜこのような生徒が高校を中退してしまうのだろうと考えさせられた。不登校の児童生徒のなかには、現在の教育環境で居心地の悪い思いをしている者がいるのではないだろうか。公教育では、もっと子どもたちの生き方を尊重する教育はできないだろうか。

私は、不登校の子どもたちを学校にもどさなくてはならないと強く思っていたわけではないが、結果的に学校にもどることが多かった。通常の学校以外の進路を選択した人がほとんどいない理由には、子どもたちの学ぶ場所や行く場所がほかにないことがある。また、きちんとした教育を受けることの重要さは、極端な例ではあるが、開発途上国での教育の場を確保する支援の結果をみるとわかる。教育は知的能力を高めるだけではなく、経済的自立や就業機会へとつながる。

3 学校体制充実への転換

日本の不登校政策に大きな変化が起きたのは、一九九〇年代である。一九九二年に学校不適応対策調査研究協力者会議の最終報告がなされ、それを受けて一九九八年に文部省は「特定の子どもが不登校になるのではなくて、不登校はどの子にも起こり得る」と、それまでの態度を一変させた。不登校の子どもが増え続け、不登校を起こす子どもは例外と言えなくなったのである。山岸(63)、花谷・高橋(11)、国民教育文化総合研究所(23)などは、不登校問題の歴史的評価を行うとともに、何事もなかったかのように施策を方向転換させた文部省の姿勢を厳しく批判した。

二〇〇三年には、文部科学省は不登校の解決の目標は、児童生徒の将来的な社会的自立に向けて支援することであり、不登校を「心の問題」としてのみとらえるのではなく、「進路の問題」としてとらえる必要があるとして、本人の進路形成に資するような指導・相談や学習支援・情報提供を行う必要があるという内容を教育委員会に通達した。さらに学校のきめ細かく柔軟な取り組みとして、学校全体の指導体制の充実、教員の資質の向上、コーディネーター的な不登校対応担当者の役割、養護教諭の活用、スクールカウンセラー等との連携協力、教員間の情報の共有、家庭との連携、学習状況の把握、再登校にあたっての受け入れ体制づくりなど、学校のあり方について提言している。また適応指導教室などで相談・指導を受けた日数を指導要録上出席扱いとすることができるようにした。

さらに二〇〇八年からは、教育委員会や学校にスクールソーシャルワーカーが配置されるようになり、学校外の人や機関を活用することが推奨されるようになった。また、教師間にも学校心理学(13)の考え方が少しずつ浸透するようになり、情報の共有やチームによる登校支援に取り組む学校も出てきた。さらに特別支援教育が始まり、コーディネーターと校内支援委員会が各学校におかれるようになり、学校によっては教師間の連携と援助がうまく行われているところもある。新しい状況下で学校での登校支援が行われるようになったが、どのような援助が有効なのかは手探り状態で、学校では教師が良かれと思う援助をそれぞれに行っている現状がある(19)。

文部省の学校基本調査では、一九九一年から欠席日数が年間三〇日以上の児童生徒の統計がとられるようになった。中学校は小学校の四倍近くとなっていることがわかる（図1、7頁）。中学校に進学した際に不登校の子どもの人数が急激に増える現象は中一ギャップと呼ばれており、小学校と中学校の教育環境の違いによる適応の難しさを反映していると言われている。最近は小学校が〇・三七％、中学校で二・七六％の発生率（二〇一五年度）となっている。不登校問題に教員たちやスクールカウンセラーが誠実に取り組んできたが、不登校の発生は高止まりした状態にある。

私は漸次接近法を活用して不登校児童生徒の登校を支援していたが、一九九〇年代には、子どもと学校環境との相性を考えるようになっていた。不登校を減らすには、子どもに合わせた学校側の柔軟な姿勢が必要なのではないか。児童生徒と学校との折り合いの発想が生まれた。

不登校の子どもの通うスクールのほかに、全国の適応指導教室に通う児童生徒の数も多い。もし不登校の子どもの通うスクールを公認の学校にして、適応指導教室を公立学校の分校としたらどうなるだろう。適応指導教室に通っている児童生徒は通常の学校に登校していることになり、少なくとも文部科学省の不登校の定義にはあてはまらなくなる。文部科学省は二〇〇三年から、適応指導教室に通う児童生徒は学習指導要領上出席扱いしてよいと述べているのだから、子どもたちに不登校というラベルを貼る必要がなくなる。それぞれの子どものニーズに合わせた教育の場を用意したということにならないだろうか。子どもの教育ニーズに応えることを何よりも大切にしたらどうであろうか。私は、そのような思いをもちながら登校支援をしていた。

しかし、学校に多様な学習の場を認めることには、ある問題がある。日本では義務教育で能力別の教育制度を部分的にしか認めてきていない。私は、単位制多部制の高校に通う生徒たちの話を訊いているうちに、能力別の学びを積極的に検討してよいのではないかと思うようになった。単位制多部制高校とは、午前と午後の授業（一部）、午後と夜間の授業（二部）あるいは、もっぱら夜間の授業（三部）に出席して卒業までの単位をそろえる高校のことである。ここには多様な生徒が進学してくる。中学まで不登校だった生徒、中学では特別支援学級に在籍していた生徒などなど。高校側から聞いた話によると、これらの生徒が、対人関係ゲームなどを活用して人間関係づくりに配慮したり、学習できめ細かい指導をしたりすると、多くの生徒が登校して勉強を続けるようになるという。もちろん教師がいろいろ努力した結果と思うが、特別支援というラベルを使わなくてもすむというのが私には驚きだった。「そうだったのか」と、私は初めて知った[20]。同じような制度を中学校にも持ち込めば、特別支援学級は必要なくなり、不登校も減るのではなかろうか。そう簡単な話ではないだろうが、積極的に検討するに値すると思う。

特別支援教育が日本でも始まり、教師たちが苦戦している姿も見てきた。

欧米の学校と違って、日本では能力別クラスの学校経営をしておらず、クラスの児童生徒数も多いなかで、子どもたちの特別なニーズに応える教育を行っていくのには、教師に高い能力と大変な努力が必要になるだろう。国民のすべてに同じ水準の教育を保証しようとするのは、一つの理想と思う。これを実現できればすばらしいと思うが、それには高額の教育予算をかけなければならない。時代は変化し、標準的な学校以外の学びが受け入れられようとしている。しかし、一定の条件を備えた組織・施設だけを認定するという考えには、賛成しかねるところもある。公的に標準的な教育を受けることができる場所があることは重要であるが、もっといろいろな学びを認めてもよいのではなかろうか。

通常の学校教育を受けなければ、学力的に重大な問題が生じるのではないかという心配があろう。学校教育には教科書があり、教師にはその内容を子どもに理解させる使命がある。多くの親もそれを望んでいる。しかし、カウンセラーである私は、教師とは役割が違うので子どもが長じて大人になったときに、何が役に立つかを考えることが多い。

確かに知識は仕事や人間関係に役に立つが、そのほかにも、人との協力とか、コミュニケーション能力とか、リーダーシップとか、片づけの能力とか、掃除や料理が上手なこと、勇気があること、人に元気をあげられること、失敗してもくじけないこと、趣味をもつこと、生活を楽しめることなど、いろいろな能力が役に立つ。社会人になってからの将来を考えると、学力だけが人を幸せにするわけではない。授業についていけない子どもがつらい思いをしていないだろうか。勉強ができないことで大人が子どもをいじめてはならない。

一九九三年に、信州大学から筑波大学に異動となり長野から東京に移ってきたときに、私が衝撃を受けた事例がある。登校しないで家にいる高校生と出会った。友だちと外出したり読書をしたりして、悠々自適に毎日を送っているようにみえた。そのような彼の口から出た言葉は、「大人になったら働かなくてはならないのだから、今はこのままにしておいてほしい」。思わず、私の生活を振り返ってしまった。彼のような生活が私にできるのは、定年退職後であろう。それまでは、時間に追われながら仕事を続けなければならない。自由に時間が使えるようになったときに、私の健康や気力は充実しているのだろうか。彼の選択には一理あるかもしれないと考えた。しかし、彼が今のような生活をするようになった以前には、学校で課題や時間に追われた、つらい体験があったのかもしれない。彼には大人になってからの生き方に希望が見えなくなってしまった可能性がある。

私は、行動療法による登校支援を基本にして子どもが段階的に登校することを目標にしていたが、相次いで出版されるようになった不登校を経験した青年たちによる手記や、自分の将来の進路が見えてきたときに一気に再登校した中学生にも出会った経験から、不登校の援助とは本来は進路やキャリアの問題として援助すべきだと考えるようになっていた。不登校を進路の課題としてとらえ、再登校が目標となったときに段階的に登校する援助をするようになった。

カウンセラーは、クライエントが自分の意思を尊重して生きていくことを第一に考える。中学生以上の生徒には、「将来どうなりたいの」と尋ねていた。そして、「それでは今、何をすればよいと思う?」「何ができる?」ときいて援助していた。私の相談室に来ていた不登校の女子中学生が大人になって再会したとき、「先生が、中学生の私を大人扱いしたのには驚いた」と当時を回想していたが、私の援助姿勢の一端を表しているように思う。

4 教師こそ適任の援助者になれる

私が学校環境を考えるうえでの一つの視点は、価値のトライアングルである[50]。社会生活で挫折した青年のカウンセリングをしているときに、しばしば出会った言葉がある。「興味をもてるものがない」、「人間関係も緊張して楽しくない」。彼らが再び前向きに社会生活を送っていくのには何が必要なのか。このことが、価値のトライアングル（四章（2）107－108頁）の発想を得るきっかけとなった。

人が社会生活を送るうえで、どのようなことに価値を置いて生きるかという社会生活の動機づけにはいくつかのスタイルがあることに気づいた。ひとつは、人と競って勝ちたいとか社会的に成功したいという思いに強く動機づけられた生き方である（社会的パワー志向）。二つめには、自分の興味関心のあるスポーツや活動に夢中になったり、物づくりにこだわったりする生き方である（活動志向）。三つめは、人との会話を楽しんだり人の役に立てるのがうれしいなど、人間関係に重点を置いた生き方である（人と共に志向）。

人の活動には、社会的パワー志向、活動志向、人と共に志向の三要素がいろいろな割合で含まれている。サッカーを例にとれば、大会での優勝をねらうのは社会的パワー志向であり、サッカーをおもしろがるのは活動志向であり、サッカーをする仲間関係を楽しむのは人と共に志向である。学ぶことも価値のトライアングルで考えることができる。入試や成績をあげるためにがんばるのは社会的パワー志向といえる。学校では成績をあげることが強く求められるが、社会的パワー志向だけでは不十分で、学ぶことをおもしろがる活動志向や、一緒に学ぶ人との関係を楽しむ人と共に志向が大切である。また学業成績の競い合いでの挫折やストレスを緩和するためには、活動を楽しむことで気晴らしをすることだけではなく、豊かな人間関係が重要となる。

前述の社会生活で挫折した青年は、人と競い社会的に成功すること（社会的パワー志向）に失敗するとともに、楽しめる活動（活動志向）が見あたらず、人間関係（人と共に志向）がうまくいかない状態にあると考えることができる。これでは八方ふさがりである。

価値のトライアングルの視点から、状況を理解するのに見えてくるものがある。

ある地域で地区対抗の少年野球大会が開かれていた。それぞれの地区の人は試合を楽しみにして料理を持ち寄りそれぞれのチームを応援していた。最初のうちはなごやかであったが、お酒を飲んだ勢いもあったのだろう、エラーした味方チームの少年を非難する行動が目にあまりだした。そして、翌年から野球大会は中止となった。本来は野球という活動を楽しみ、仲間関係を経験する機会をもち、地区をあげて応援する場であったはずが、社会的パワー一辺倒になったということだろう。また、負けた子どもがかわいそうと運動会で順位をつけるのをやめた学校は、社会的パワーに目が行き過ぎた結果とは言えないか。アマゾンに住む人びととの綱引きをテレビ番組で観たことがある。勝っても負けても延々と続いていた。彼らが綱引きに興じるさまは、活動と人間関係を楽しむ姿そのものであった。

不登校は、学校生活で充実感が得られないために起こるのではないだろうか。学校生活が楽しく意味あるものであったなら、不登校にはならなかったのではないか。それまで登校支援で学校への過剰な不安を解消することを目標にしてきたが、充実した学校生活をめざすほうが適切なのではないかと、私は思うようになった。

職場でのことを考えてみてほしい。どんな職場ならば働いてみたいだろうか。私なら、まず人間関係をあげたい。支えたり支えられたりする人間関係があれば働きやすい。逆に、足を引っ張り合う人間関係の環境下では働くことがストレスとなる。また人間関係がよいだけでも十分ではない。自分にとって意味ある仕事をしているという実感が必要となる。つまり人間関係（人と共に志向）と仕事のおもしろさ（活動志向）が重要であり、切磋琢磨する人間関係や社会的に価値のある仕事（社会的パワー）であることも大切である。

学校生活でも価値のトライアングルはあてはまるのだろうか。学校で楽しいこと・嫌なことを生徒に調査し、結果を因子分析したところ、先生との関係、学ぶこと、クラスメイトとの活動という三因子が抽出された。先生やクラスメイトとの人間関係と学ぶことや学級行事などの活動を楽しいと感じられることが、学校生活の充実感と関係していることがわかった[29]。登校への過剰な不安を解消することでなく、学校生活を楽しく意味あるものにすることで登校を援助するほうが適切ではないかと思い始めた。

このように私が新しく考え始めるきっかけとなる出来事があった。クラスメイトと人間関係を築けなかった児童を援助したとき、学級集団が変わることで不登校の子どもが学級に入りやすくなるという事例を経験した。それを契機に、私は豊かな人間関係を構築するための技法として対人関係ゲームの開発に取り組み出した。対人関係ゲームの開発で、いろいろなニーズのある児童生徒を受け入れる学級集団づくりが可能になったのである。

私がそれまで行っていた漸次接近法による登校支援（32頁参照）は、登校への過剰な不安を解消することに焦点があった。対人関係ゲームの開発で、不登校の子どもに対する私たちの援助が、不安を解消するのではなくて、学級集団を楽しい場に変容する方法に変わった。つまり、「つながりあう登校支援」を考えるようになった（二章（4）46頁参照）。教師の立場なら、子どもと自分との関係を深め、子どもが積極的に学習に参加するように授業を工夫し、子ども同士のよい人間関係を実現できる。学校を楽しくおもしろい場にできる。こうして、教師こそ登校支援の適任者ではないかと考えるようになった。

義務教育は国民すべての教育を引き受ける制度であり、学校はこれから成長していこうとしている個性豊かな子どもを受け入れなければならない。そのことを前提にすれば、さまざまな子どもを受け入れる学級集団づくりは欠かせない。

とくに特別支援教育が教育現場で始まって以降、学習支援とともに学級の人間関係づくりの重要性がますますはっきりしてきた。人間関係の困難さを障害に求めるだけではなく、障害をあたりまえに受け入れる学級集団づくりが大切なのである。不登校への支援における、システムズ・アプローチの重要性がみえてきた。

2章
不登校児童生徒との出会い

1 登校支援にかかわりはじめる
――東京教育大学教育相談研究施設

私は大学生のときパブロフ(33)の『大脳半球の働きについて』という本に出会い、夢中になって読んだ。こんな研究がしたい。そう思って大学院は高次脳神経科学の研究ができる実験心理学を選んだ。

大学生の私は、カウンセリングとは生き方について助言する仕事と思っていた。自分自身が人生に悩んでおり、人の相談に乗るどころではなかった。大学入学時の私は、カウンセリングにはまったく関心がなかった。そのような私であったが、大学二年生のある日、授業に関係するカウンセリングの書物を書店で探していたときのこと、ある図書を目にした。本のはしがきに、著者とロジャーズとの出会いについて書かれていた。そこで初めて、私はカウンセリングについて思い違いをしていることを知った。「カウンセラーって、相談に来た人と一緒に悩む人なの？」「一緒に悩むことなら自分は得意だ」「もしかすると、自分にもできるかもしれない」と、私は内心ちょっと思ったが、将来自分がそのような仕事にたずさわることになろうとは思いもよらなかった。

ところが大学院に入学してすぐ、指導教員の原野広太郎助教授から大学内にある教育相談研究施設の相談室にかかわるように指導された。実験心理学の教員ポストがある大学は少なく就職が難しいので、就職先を探すときに教員養成大学の教育相談の科目を担当できることが必要と考えてのことだったと思う。自然科学的な実証を重視する行動療法を選んだのは、実験心理学を学んでいた私にとって自然な成り行きであった。

相談室では、さまざまな子どもたちを受け入れていた。まだ各地の教育相談室が十分に整備されていなかったのである。教育相談研究施設では教育委員会から多くの教員を受け入れ、教育相談の研修の場を提供していた。大学院生だった私は、教育相談研究施設で原野助教授や相談室の教授の指導を受けながら選択性緘黙、夜尿、不眠、心身症など、いろいろな事例を担当した。相談室にはいくつかの研究グループがあった。私は若手の氏森英亜助手が率いる自閉症幼児の社会性開発を目標としたプレイセラピーの研究グループに参加した。

その当時はまだ、自閉症の原因は乳児期の母子関係による愛着障害というのが有力な説であったが、モデリングとオペラント条件づけによる言語学習などの行動療法による取り組みも始まっていた。私たちは集団プレイセラピーのなかで、社会的行動と言語行動の習得をめざして、モデリングとフリーオペラントを使った援助を行った。セラピストは自閉症幼児と遊びながら、一人言のように言葉をかけ続けた。また、遊びを使って子どもと子どもがつながり合うようにいろいろ工夫した。たとえば、ひとりひとりに車で遊ぶように誘導し、複数の幼児が車で遊び出したら車を一台に減らしてしまう。そこで複数の子どもが一台の車に乗ろうとして交流が生まれるのではないかと考えたりした。しかし、セラピストの意図が前面に出ると子どもはセラピストからさっと離れて行ってしまう。セラピストが、最初は自閉症児たちの動きに合わせながら、次に一歩先に出たときに自閉症児が模倣してついてくるタイミングが重要と気づいた。後年の、遊びを使って人と人をつなぐという対人関係ゲームの発想は大学院生のときからすでにあった気がしてくる。

一九七四年に、私は二八歳で教育相談研究施設の助手になり、自閉症グループを引き継いだ。また内山喜久雄教授の行動療法研究グループを手伝って吃音や対人恐怖などの事例を担当するとともに大野清講師が率いる肢体不自由児の動作法研究グループにも参加した。また教育相談研究施設には不登校の相談の申し込みもあり、私も担当した。

不登校の行動療法による援助方法は、主に二つのやり方があった。ひとつは登校強制法でもう一つは漸次接近法である。どちらの方法も、不登校を引き起こしているネガティブな情動が条件づけられている教室の刺激に向き合うことで不安を消去するというシンプルな原理で、エクスポージャー（暴露）法の一種である。

登校強制法は、学校で子どもの苦痛となるものがないこと、親子関係が良好なことを前提として、一気に登校してしまう方法である。教室でいやな体験をすることはないことを保証したうえで、親・教師・カウンセラーと児童生徒間で「登校する」という契約を交わす。親、教師、カウンセラーで協力して登校のための準備を整え、当日は親が子どもをしっかりとサポートして登校を実現する。この方法は短期間で登校するようになるが、児童生徒が体験する恐怖の負担も大きい。また登校支援する関係者も断固として対処する必要がある(1)(35)(36)(37)。

漸次接近法は、家から教室に登校するまでをいくつかの段階に分け、教室から遠い刺激に対する弱い恐怖反応から順に消去していき、少しずつ教室に近づく方法である。私はもっぱら漸次接近法を好んで採用していた。私のやり方は最初から各段階の課題を決めてしまうのではなくて、全体を見通したうえで、一つ達成できたら次の目標を児童生徒と相談しながら決めるという方法をとることが多かった。実際に教室に接近するかどうかは子どもの意思を尊重していたので時間を必要とすることもあった(40)(41)。

事例1　プレイセラピーと漸次接近法による登校支援

A子さんは小学校三年生であった。まず朝起きて着替えることから始まる。次の週は、朝食をとって靴をはくところまで。次の週は玄関を出るところまでなど、下位目標が達成できると少しずつ学校に近づく目標を立てるようにしていき、最終的には保健室から教室に入るという手順である。

相談室に子どもを迎えると、まずプレイセラピーを中心にストレスの発散と良好な人間関係を経験することをめざした。不登校の子どもの問題として、人間関係や社会生活への自信のなさを想定していたのである。A子さんも控えめでおとなしい少女と感じた。二〇代の私は、子どもと一緒に遊ぶのが大好きな、フレッシュなセラピストであった。私としては、やさしいお兄さんを意識していた。

プレイセラピーが終わると、子どもに前の週の登校計画の結果を聞いたあと、一緒に次の登校に向けての目標を立てた。このようにして、A子さんはしだいに学校に近づいていき、やがて少しずつ登校するようになっていった。

教育相談研究施設には中学校の教師が研修生として在籍していて、彼らが中学生の不登校の事例を担当することを希望することから、当時、私が担当した事例は小学生の不登校のみであった。本人の登校の意思を尊重していたが、クライエントが小学生ということもあり、地元の小学校への再登校しか視野になかった。「教室にもどれないのだなあ」と、私はそばで見守っていた感じで、教室に早くもどさねばと強く思うこともなかった。

時代は、東京教育大学の最後の時期であった。私は助手になって一年半で、つくば市（当時は茨城県桜村）に新しく設置された筑波大学保健管理センター学生相談室に異動した。

2　多様な不登校児童生徒との出会い
――筑波大学保健管理センター

筑波大学は一九七三年に開学していた。私は三〇歳直前に開学二年目の筑波大学に、心理学系の専任講師として異動した。私を待ち受けていた学生たちは優秀だった。学生たちの要請を受けてカウンセリング研究会を立ち上げた。土曜日の午後は研究会の学生たちの手伝いを得て、東京教育大学の相談室のように自閉症の子どもと母親が集まってきて、賑やかにプレイセラピーと言語学習のトレーニングが始まる。

筑波大学の保健管理センターは、文部省の支部診療所になっていて精神科があった。そしてセンターの学生相談室は精神科医とカウンセラーが一体となって学生を援助していた。学生相談室では、教職員の家族や地域の人のカウンセリングも受け付けていた。不登校の事例もいくつかあった。そこでもプレイセラピーと漸次接近法を組み合わせた行動療法による登校支援を続けていた。中学生や高校生の事例が多くなり、以前にも増してクライエントの生き方を尊重するようになっていった。

事例2 計画的に登校をめざした高校生

高校二年生の男子、A君。学校のすすめにより教育相談センターでカウンセリングを受けたが、自分が話すだけとしか感じられなかったので二回行っただけでやめてしまった。今回は、そろそろ登校したいという気持ちがあり、登校の支援をしてほしいと相談にやってきた。

A君は電車とバスを乗り継いで相談室に来たが、その途中で非常に強い不安を体験していることがわかった。電車に乗るときの過剰な不安を解消しなければ相談室に通うことができないかもしれない。不安を消去するために系統的脱感作法を実施することになった。A君は高校への通学でも電車に乗ることが必要だった。高校に登校するまでの道のりについて一緒に考え、家を出てから高校までの道のりをいくつかのシーンに区切った。A君は言語公式によってリラックスした状態に誘導する自律訓練法を使ってリラックスしたところで、家を出る最初のシーンをイメージした。リラクセーションによって不安を逆制止する手続きによって不安の消去が起こる。セッションを重ねて自律訓練法の練習を続けるとともに、電車に乗って登校する通学の最後の場面に至るまで順に不安を消去していった。系統的脱感作法はウォルピによって開発されたもので、この発見の詳細は（3）で解説している（40頁）。

次に起床時刻を少しずつ早くして昼夜逆転の生活を改善していった。同時にA君は野球バットの素振りなど自分から自発的に体力づくりにも取り組んだ。また、系統的脱感作法によって電車にも乗れるようになって、家に閉じこもっていた生活から電車に乗って外出を楽しむようになった。そして、冬休みに高校の近くまで行くことを計画した。A君は高校の近くに来たとき、学校のなかに入れるような気がしたらしい。教職員室に入って学年主任の先生と話をすることができた。

年が明けて四月からの登校が近づくにつれて、A君は始業式や教室で授業に参加する不安が高まってきた。再び系統的脱感作法を適用して始業式に出席したり教室で授業を受ける不安を消去していった。それと同時に学習に取り組む時間を長くしていった。最初は、一定の時間に好きな本を読んだりして五分間だけ机に着く。次に十分間ドリルをやりながら十分以上机に着く。このように学習で机についている時間を少しずつ長くしていった。やり始めて二週間を過ぎると毎日三十分以上各教科のドリルをするようになり、授業への準備が進んだ。目標行動までに何段階かの下位目標を設定して容易な下位目標が達成できたら次にもう少し困難な下位目標に挑戦していく方法はシェーピングと呼ばれている。

A君は三月の登校日にも出席し、四月の最初から登校を始めた。

この事例で印象に残ったことがある。A君は何度も引っ越しをしていた。外出するようになって、かつて楽しく学校生活を送っていたとみられる小学校時代の元の住居を訪ねたことである。高校生になったA君にとって、どのような意味があったのだろうか。小学校高学年に関東から関西に引っ越して、そのときはすぐに学校生活に適応していった。登校しぶりが始まったのは中学からで、中学入学と同時に関西から再び関東に引っ越したことが重なっている。小学校から中学校に学校環境が変わったこと、思春期になって引っ越した関東と関西の文化的違いなどが学校環境への適応問題に影響している可能性がある。関西に行く前に過ごした元の住居があった土地を訪ねることは、これからの自分の生き方を見定めるために必要だったのではないかと考えさせられた事例である。

事例3　夜間中学に居場所を求めた中学生

ある日、保健管理センターの相談室に中学校一年生のB君の父親がやってきた。B君は小学校六年生になるとき、父親の転勤にともなって転校してきた。ところが中学に入学して途中からまったく登校しなくなった。小学校では、成績優秀で在校生代表として卒業生に送辞を述べたこともある。現在の中学校でも成績は優秀で学校にうまく適応していると思われていた。B君は典型的な優等生タイプの不登校の生徒だった。

B君は保健管理センターに来所しなかったので、私は家庭訪問した。B君は家でも部屋に引きこもっていて、最初は会うことはできなかった。B君が保健管理センターで私のカウンセリングを受けるようになってから発言した、「転校するとゼロになる子どもの気持ち、わかります？」という言葉が印象的だった。B君は、小学校五年生まで積みあげてきた学校の実績が、転校した先の新しい小学校では消えてしまったことがショックだったことを語った。

それでも小学校時代はがんばって学校に通い、中学でも成績がよく、クラスで一番、学年でも上位という学業成績であったが、悩みも多かった。六年生の修学旅行ではリーダーになり、友だちがふざけているのを見て自分は止める役をしなければならなかった。本当は、自分もみんなと一緒に楽しみたかったとB君は語った。

自分は優等生であるから、教師からは高く評価され、クラスメイトからも一目置かれている。もし自分がダメな人間であることがわかってしまったら、教師からもクラスメイトからもばかにされるに違いないというB君の気持ちが伝わってきた。心理的重圧に耐えきれなかったようだ。

B君に将来の進路を尋ねると、「研究者になりたい」と述べた。「今、どうしたいのか」と尋ねたら、「夜間中学なら通えそう」ということだった。B君に、学校を見に行きたいのでカウンセラーの私についてきてほしいと言われ、二人で電車に乗って夜間中学を訪問した。

日が暮れかけた教室で教頭先生と話をすることができた。その後、Ｂ君は夜間中学に転校して通学を続けた。夜間中学は、何かの理由で中学校を卒業できなかった年長者が通っていた。かなり年上のクラスメイトはつき合いやすいようだった。

勉強がよくでき学校生活に適応しているように見えても、心理的重圧で苦しんでいる生徒との出会いであった。

三〇歳の私には、行動療法の考え方や援助の仕方は納得のいくものに映った。行動療法はカウンセリング技法として、完成しているようにみえた。どうしてもっと早く私は生まれてこなかったのだろう、行動療法を創りあげるプロセスに私も貢献したかったと残念な気持ちすら抱くほどであった。しかし、その意識はいつの間にか消えていた。クライエントのあり方は多様で、行動療法の理論をただあてはめればうまくいくというようなものではなかった。クライエントと一緒に考えて援助を工夫する毎日だった。

3　対人関係ゲームの基礎ができあがる
――信州大学教育学部

一九七八年、三三歳で信州大学教育学部に異動した。高校時代には山岳部に所属していたので、長野は山に登るために立ち寄った街だった。後にそこに暮らすことになるとは思ってもみなかった。

教育学部がある長野市は、東に志賀高原と菅平を望み、北に飯縄山がそびえていた。冬の夕方に白い山々に囲まれている自分が気持ちよかった。雪の夜の街は何もかもが真っ白くおおわれ、街灯の下がきらきらと輝いていた。雪の朝は、キーンとした空気がすがすがしかった。

信州大学教育学部に異動して間もなく、対人関係ゲームを支える理論のひとつになった身体運動反応による不安・緊張の逆制止の研究を始めた。そのきっかけとなったのは学生の卒業研究だった。

信州大学での私の最初の仕事は、学生に手伝ってもらって研究室を生理実験室に改造することだった。実験室が完成すると、生理反応を使った卒業研究を希望する学生が二人ほど研究室に入ってきた。そのうちの一人が、指先の血管運動反応を指標として、右手の開閉運動によって情動反応を逆制止する研究を行った。それが想像した以上の結果となった。

研究の発想は、ウォルピ(62)の開発した系統的脱感作法にある。ウォルピはネコを被験体として、実験室でベルと電気ショックを使って、恐怖の条件づけを行った。条件づけが形成されたときには、ネコは不安のために実験室のなかで食べ物を食べることができなかった。

ベルの音に強い不安反応が条件づけられたのである。多くの研究者は、ここで実験を終えていた。

しかしウォルピは違っていた。実験に使われたネコは、実験室では食べ物を食べられなかったけれども、動物の飼育室では食べ物を食べることができた。実験室と飼育室の間のどこかに、ネコが食べ物を食べるか食べないかの境目があるだろう。予想どおり、実験室から離れた部屋では食べ物を食べることができた。その時、ウォルピは、食べ物を食べたネコがすっかりリラックスしていることに気づいた。そこで実験室に少し近い部屋に移って同じことをしてみると、そこでも同じことが起こった。これを繰り返し行うことで、とうとう実験室でも食べ物を食べることができるようになり、ネコの不安反応はすっかり消えていた。

この実験をもとに、ウォルピは系統的脱感作法を開発した。系統的脱感作法では食反応に替えてリラクセーションが使われた。ウォルピはリラクセーションのほかに、アサーション、身体運動反応なども列挙していたが、ウォルピ自身は身体運動反応を使った例として、広場恐怖の事例を示しただけであった。系統的脱感作法ではもっぱらリラクセーションが使われ、身体運動反応はかえりみられなかった。

過去の研究を調べてみても、身体運動反応を使った恐怖反応の消去に関する実証的研究は見あたらなかった。研究論文が存在しないということは、誰かが実証しようとしたけれどもうまくいかなかったということが多い。これまでも、「誰もやっていない」と思い込み、大変な発見になるかもと期待して自分で実験をやってみると、いつも思った結果が得られなかった。このようなことを私は何度も経験してきた。だから身体運動反応によって恐怖反応を消去できるということも、最初は半信半疑であった。

卒業研究でよい結果が出たので、さらに条件を変えて実験を重ね、身体運動反応によって情動反応を消去できることを確かめていった。この新しい方法に拮抗動作法という名前をつけた。拮抗動作法とは、身体運動反応によって恐怖反応を逆制止し、恐怖刺激に直面することで恐怖反応を消去する方法である。現在の認知・行動療法の枠組みで考えると、エクスポージャー（暴露）の一方法といえるだろう。その当時は系統的脱感作法のバリエーションの一つと考えていた(42)(43)(45)(56)。

実験室での成果をふまえて、事例でも実証した。高所恐怖の幼児が歩道橋上での電車ごっこや階段を使ったジャンケン遊びによって、高所に平気であがれるようになった(47)。動物恐怖の事例では、イヌの鳴き声に合わせて右手の開閉を行って恐怖反応の消去をはかった。さらにラジコンの戦車を操作してイヌに餌を与えることによって、イヌに近寄ることができるようになった(44)。私は三九歳のとき一連の研究をまとめ、定年退職が間近の内山教授の指導を受けて一九八四年に筑波大学に博士論文として提出した。

信州大学においても筑波大学のときと同じように、ゼミの学生と組んで行動療法理論にしたがった登校支援を行った。身体運動反応を使った情動反応の消去の研究が進むにつれて、不登校の援助にも拮抗動作法を意識的に活用するようになった。そして登校支援は、漸次接近法から「つながりあう登校支援」へと少しずつ変容していった。

信州大学教育学部には正式な相談室はなかったが、教育学部の教員は個人的に地域の人の相談を受けていた。私もすぐに相談を受けるようになった。信州大学には特殊教育学科がありそこで自閉症の指導が行われていたので、教育心理学科に所属した私は不登校の問題に取り組むこととなった。

土曜日の午後のプレイルームは、子どもと学生たちで賑やかだった。卓球とバドミントンをよくやった。ペアを組んだり、数人でチームを組んで入れ代わり立ち代わりシャトルを打つというルールをつくって対戦したりした。運動量の多いゲームを使って不安を解消し安心できる人間関係づくりをめざした。そのときは思いもしなかったが、対人関係ゲームの原型がそこにあった。

事例4 原因追求しないよさを教えてくれた中学生

信州大学で不登校児童生徒を支援するなかで、いろいろなことを学んでいった。

中学校一年生のC君が、第一回目の面接が終わったときにつぶやいた一言が印象に残った。

「ほっとした」

「えっ、どういうこと?」

「いろいろ訊かれるのかと思ったけれど、これからどうするかということだったので、気が楽だった」

不登校の子どもは登校できない理由を見つけることができず、自分の意志が弱いことが原因と思っていることも多い。その場合、カウンセリングでは自分が原因追求の対象になるのではという不安があるのだろう。また、カウンセリングを受けようとしないのは、登校できないのは自分の意志の問題だから相談してもどうにもならないと考えてのことだろうと思っていた。理論的に行動療法に依って立っていた私は、不登校の原因にはこだわりがなかった。原因は一つではなく、これが原因と特定できることでもないし、原因がわかったとしても必ずしも解決につながらない。原因の解明が問題解決につながらない例は多い。骨折の治療でもそういえる。面接の帰り際のC君の言葉は、原因追求でクライエントを苦しめない、行動療法のよさを言いあてている。印象に残った事例の一つである。

C君はソフトボールが大好きな少年だった。大学での面接の後には、学生をまじえてソフトボールの試合をした。毎日、学校の下駄箱に担任の先生との交換日記を入れに行くという段階を経て、C君は学年が変わると、再び登校するようになった。

事例5 学校よりも働くことを選んだ高校生

不登校の児童生徒のなかに、学校環境の問題を私に考えさせるようになったクライエントがいた。

中学校一年生の女子で、ほかの地域からの転校生だった。小学校六年生の三学期から登校しなくなり、病院のカウンセラーから援助を受けていたが、病院では一切話さず、筆談が使われていた。私の研究室に来たときも、まったく話さなかった。

緊張がほぐれてきたのは、卓球をしたときであった。最初はまったく動こうとしなかったが、次第に打ち返すようになった。それから、少しずつ話ができるようになった。

これからどうするのかと聞くと、二年生にあがるときに転校したいという。「四月から行けるというのなら、いまでも中学校の近くまでは行けるはずだ」とせまった。実際に中学の近くまで行くことができ、四月から登校を始めた。登校が続くだろうかと心配したが、中学校の教育相談の先生の支援もあり、卒業できた。

しかし、自分の希望した学校に進学できなかったこともあり、高校を中退して遠い地に就職してしまった。職場からときどき手紙をもらったが、苦労しながらもがんばっているようすが伝わってきた。なぜ、こんなに苦労してまでも自分で生活しようとするのか。同年齢の多くの者は、自分の家でぬくぬくと毎日を送っている。私自身の高校生活を振り返ってみても、働く場を求めた彼女に比べれば気楽な生活をしていたことがわかる。

4 「つながりあう登校支援」のはじまり

学校で学ぶことよりも働くことを選んだ高校生に出会ったころから、しだいに私の考えに変化が起こり始めた。この事例は、不登校の児童生徒と学校環境との不具合を考えるきっかけとなった。もし彼女に何か重要な問題があるとすれば、学校生活ができないだけではなくて職業生活も難しいのではないか。なぜ、彼女は職場でやっていけるのか。それは、学校環境が彼女に合っていなかっただけなのではないか。

東京シューレに通う不登校の子どもたちが自分たちの学びを撮影したVTR『いとおかし東京シューレ』は、まさに学校と子どもたちの相性を実証していた。適応指導教室などのように学校とは別の場で、それぞれに学んでいる児童生徒たちもいる。不登校問題を考えるなかで、学校が子どもたちに折り合う必要性がしだいにみえてきた。

今から振り返ると、信州大学時代の私の登校支援は、環境と子どもの折り合いをテーマにするようになっていった。しだいに不安を解消する漸次接近法から子どもたちの登校を容易にする「つながりあう登校支援」へと質的変化を起こしていた（図2）。①相談室や家庭で遊びを媒介にしてカウンセラーが子どもとつながり、家庭生活を修正するとともに、子どもが家庭学習を始める。②子どもは家庭学習の成果を携えて登校し、待ち構えた担任教師が教室で目をとおし、学習指導を行う。③少しずつ、教室の授業に参加する。

「つながりあう登校支援」へと変わっていく過程には、私が不登校児童生徒を援助してきた経験が関係していた。大学の相談室に来所しない不登校の子どもの家に家庭訪問するときには、トランプやウノなどのゲームを子どもと一緒にしながらかかわって

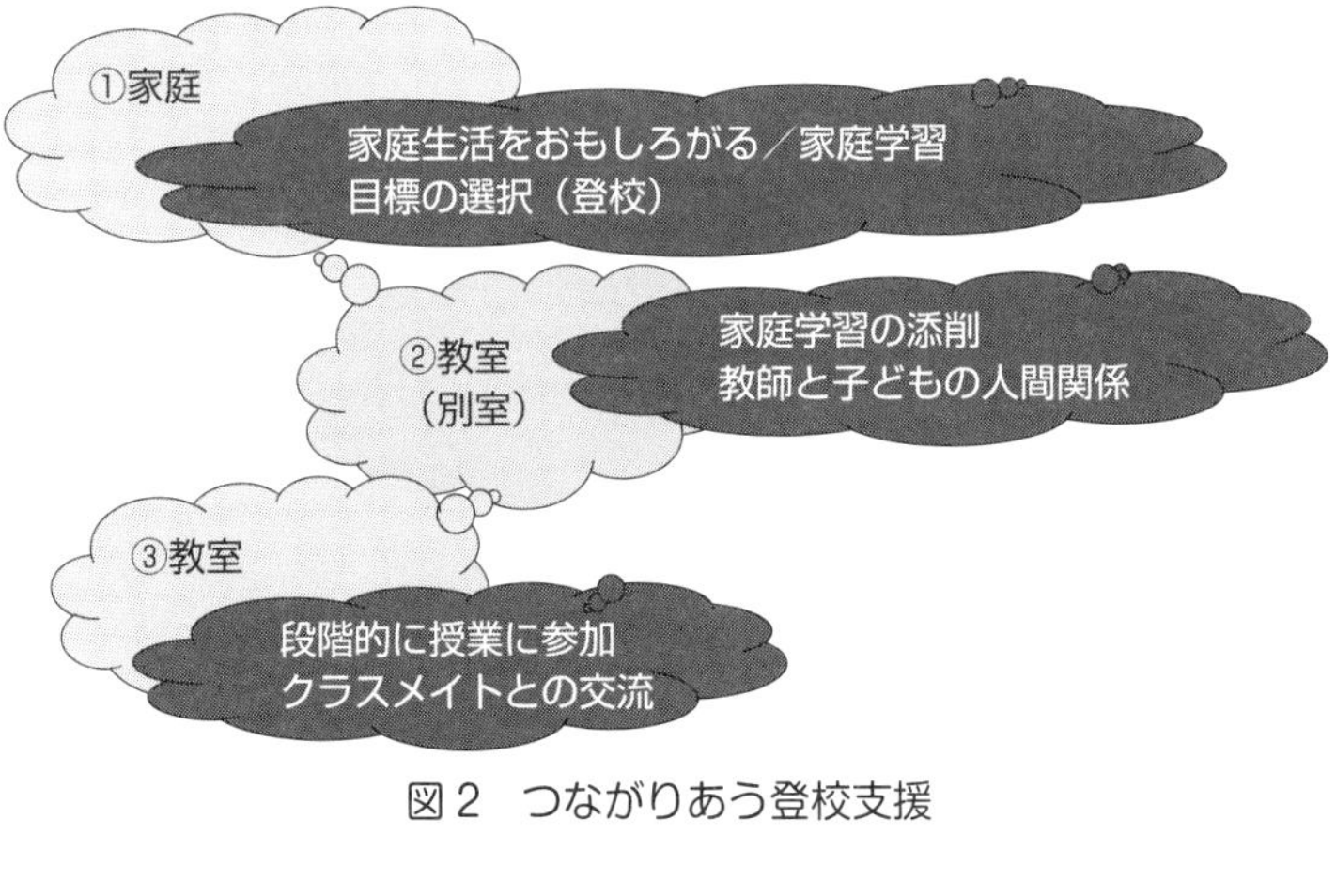

図2　つながりあう登校支援

いった。バドミントンなどの遊具を持っていくことも多い。一緒に遊ぶことで子どもとかかわりを結ぶというのは大学院生時代から行っているプレイセラピーと同じであり、身体を使った活動により恐怖反応を緩和する拮抗動作法の活用でもある。

そして、私は、東京教育大学時代から不登校児童の援助に家庭学習を導入していた。不登校の児童生徒は、家のなかでゲームをしていることが多い。これが親たちをいらいらさせる。学校に行けないのは仕方がないとしても、少しは勉強をしたらどうかと親は思う。子どもたちも勉強していないことが気になっているのではないかと思い、家庭学習をとり入れることにした。学校を休んでいるので学習で追いつこうというのではない。一日に一回時間を決めて、一定時間は勉強に取り組む。教材には市販の五分間ドリルなどを使った。それもページ数の多くないものを用いた。ときには低学年の教材を使ったが、基礎基本が重要ということを強調した。勉強する時間を決めたが、それ以上やってもよい。勉強した時間を自分で記録するようにしてもらった。私の予想どおり、子どもが勉強を始めると、子どもも達成感がもてて心理的に安定するとともに、親は子どもがよい方向に変化しだしたと安心することが多かった。また親の心の安定が子どもの変化を促進した。

さらに家庭学習が登校につながりやすいこともわかってきた。家庭学習の成果を学校で教師に採点してもらうのである。子どもに学校に行ける時間を訊いて、その時間に教師は校舎の入り口で待つ。放課後の夕方を選ぶ子どもが多いが、ときには特別教室の授業のとき学級に登校する児童もいた。人のいない教室で、教師は子どもにていねいに教えたりして、人間関係が自然にできあがった。教師も、何もなくて子どもと話すのは難しいが、勉強してきたものを見せてもらうと添削したり「よくやったね」とほめたりすることができる。そのまま教室で教えることもできる。そのプロセスで形成された児童生徒と教師の人間関係が、子どもの授業への参加につながる経験をしてきた。

休み時間に頻繁に別室で子どもと卓球をした教師が、児童の教室登校を実現した例もあった。クラスメイトが児童生徒を別室から教室へとつないだ事例もあった。休み時間にクラスメイトが別室にやってきて不登校の子どもと卓球をした例やトランプをした例などいろいろあり、教室への登校につながった。教室で教師に教えてもらうというのは、最初は部分登校の一段階と位置づけていたが、しだいに教師との関係ができあがると授業への参加が容易になるということがわかってきた。

事例6　休み時間からの登校(46)

小学校三年生のM子さんと相談すると、二時間目の後の休み時間から登校するという。そのような登校から始まって、次のように登校が変化していった。

①二時間目の後の休み時間に登校し、教室で担任教師に家庭学習の成果を添削してもらう。

②昼休みに登校し、教室で担任に家庭学習の添削をしてもらう。

③四時間目の終わりに登校し、給食を食べてから家庭学習の成果を添削してもらう。そして昼休みの後にクラスメイトとそうじをして帰宅する。

④四時間目の終わりに登校し、給食を食べてそうじをして、午後の授業を受けてからクラスメイトと一緒に帰宅する。

⑤二時間目の後の休み時間に登校し、三時間目の授業から最後まで授業を受けて、クラスメイトと帰宅する。

⑥一時間目から登校し、クラスメイトと同じように学校で過ごす。

母親から、M子さんはみんなと給食を食べるのは楽しいらしいという情報を得たので、登校時刻を二時間目の後の休み時間から昼に変更した事例である。M子さんはクラスメイトと一緒に下校するようになって、帰宅途中で家に帰ってから遊ぶ約束をするようになり、友だちができて登校へのはずみがついた。

事例7　放課後からの登校(46)

小学校六年生のN男君は、夕方、人の顔がはっきりとはわからなくなった時間に登校した。それを始めとして、次のように登校が変わっていった。

①放課後登校し、担任教師に家庭学習の成果を添削してもらう。

②クラスメイトが特別教室で授業を受けている間に登校し、教室で担任に家庭学習の成果を添削してもらう。

③クラスメイトが特別教室で授業を受けている間に、教室で担任の授業を一人で受ける。

④一時間目か二時間目のどちらかの授業を選んで、教室でクラスメイトと一緒に一時間だけ授業を受ける。

⑤教室で一時間目と二時間目の授業を受ける。

⑥午前中だけ授業を受ける。

⑦クラスメイトと一緒に一日中授業を受ける。

N男君は、クラスメイトが音楽の授業などで特別教室に入っていくまで柱の陰で待っており、空き室になった教室に入れ替わりで入った。教師は教えることに慣れているので、特別な気構えがないからだろう。教え／教えられることによって、教師と子どもの心理的きずながでやすい。

信州大学時代の後半には、信濃教育会教育研究所の兼任所員となり、教育委員会から派遣されてきた小・中学校の教師である研究員と一緒に不登校の援助に関する研究に取り組んだ。私にとって教師との共同研究の最初の経験だった。

教育研究所の研究員が聞き取り調査をした教師たちのなかに、家庭訪問のときに子どもとつながるのが上手な人がいた。共通していたのは、活動を媒介にして子どもと関係を築いていたことである。キャッチボール、サッカー、トランプ、ウノ、将棋、折り紙、お手玉、ダイヤモンドゲームなど、いろいろな遊びが使われていた。

一方で、子どもとの関係構築が上手ではない教師もいた。それらの教師は、概して家庭訪問で子どもと話をしようとする傾向があった。


「元気?」

「うん」

「家で何しているの?」

「ゲーム」

「おもしろい?」

「うん」

「……」


あとが続かない。

「無理しなくていいよ。学校に来たくなったら来てね。友だちも待っているからね」

次の週も同じことの繰り返しである。子どもはこのような会話をしても楽しくないし、気まずさもある。家庭訪問の三回目くらいで子どもは出てこなくなる。私は実際には見ていないが、目にみえるようであった。

事例8 相撲が大好きなS君

教師の家庭訪問で顔を出さなかった子どもが、思わぬことで出てきたという事例もあった。

担任の教師が家庭訪問したときにS君が出てこなかったので、母親とひととおり話して帰ろうとしたとき、父親が会社から帰宅した。「せっかくいらしたのだから」と父親に勧められて酒を酌み交わしながら話がはずんでいると、突然ふすまがガラッと開いて、「先生、ぼくのところに来たのじゃないの?」と、声をかけながら子どもが顔をのぞかせた。

S君の部屋に入って驚いたのは、S君はノートに相撲の取り組み表を書いて勝敗の記録をつけていたことである。びっしりと書かれたノートは、数冊あった。そのなかには、自分で架空の相撲場所をつくって、勝敗と決まり手を書きこんでいる取組表もあった。それを目にした教師はS君の許可を得て学校にノートを持ち帰り、「あの子はすごいことをしている」

とほかの教師にノートを見せた。S君に先生方が驚いていることを伝えると、S君は次の日から登校を始めた。

事例9　戦国時代の歴史が好きなT君

担任の教師が家庭訪問しても子どもが出てこなかったが、両親がボランティア活動を熱心にしており、教師はその話を聞くのを楽しみに家庭訪問をしていた。

三回目の家庭訪問のときだった。母親と話していて教師は部屋のすみに城のプラモデルが置いてあるのに気づいた。誰が作ったのかと母親に尋ねたところ、T君が作ったものであることがわかった。すぐに子ども部屋に行って、「まだほかにもあるの？」と声をかけると、子ども部屋の戸が開いて、部屋の中には城のプラモデルがいくつか見えた。T君と教師は歴史の話でもりあがった。

その後、公共の博物館に一緒に出かけたりした。相談室登校をしていた子どもたちと一緒に美術館に行ったことをきっかけに、T君は相談室登校をするようになった。

事例10　進路を見つけて登校を始めた中学生

子どもたちが、自分の生き方のなかで、学校で学ぶことを位置づけることこそが不登校支援の本来のあり方ではないのかと考えさせられた事例がある。

中学校三年生のM子さんは学業生活に挫折し、教室で授業を受けられなくなって保健室登校をしていた。家庭科の授業で外部講師を依頼されたSさんが保健室の前を通りかかると五人ほどの生徒がいるのが目についた。

「季節の変わり目に体調を崩す生徒がいるのね」

と案内していた教師に小声で話すと、

「教室に来られない生徒がいるのです」

と返事が返ってきた。

Sさんが、保健室にずかずか入っていって、

「押し花レターをつくるから、いらっしゃい」

と生徒たちを誘うと、M子さんも一緒に教室に入った。これがきっかけで、M子さんはSさんの主催する編み物教室に通うようになった。最初、突然一人で来たM子さんにSさんはびっくりしたが、「先生の許可があれば来てもいいよ」と伝えた。

最初は十時ごろにきて昼に帰っていたが、「お弁当を持ってきたら？」と誘うと、弁当を持ってきて午後までいるようになった。「教室は九時半に始まっているんだよ」と言うと、次の日から九時半に間に合うように来るようになった。

M子さんは「わたし、月謝が払えないから、そうじか何かやらせて」と言って、朝のそうじや片づけをするようになった。「ここまで一か月かかってしまった」とSさんは時間がかかったように話していたが、私は上手な援助だと思った。今から思うと、教師と生徒の人間関係の重要さを表していたように思う。

十二月の時点では、M子さんは高校に進学するつもりはないと言っていた。一月になって、参加していた編み物コンクールの結果が届いて優秀賞受賞だとわかると、M子さんはSさんに、「このようなことをしていけたらいいのに」と語った。Sさんは、自分が学生のときには戦争があって英語を十分学べなかった、編み物をこれからやっていくにも勉強しなければ苦労する、自分も十分に学べなかったことで大変だったという話をした。M子さんは、そのときには黙って話を聞いていた。

二月に制服姿で来たM子さんはSさんに「先生、今から学校に行きます。これまでありがとうございました」と告げ、その日から学校に通うようになった。そして高校に進学した。M子さんは自分の生き方のなかで、学ぶことの意味をとらえ直すことができたのであろう。

３章
不登校問題のとらえ方

1 大学の相談室での援助に限界を感じはじめる
――筑波大学夜間社会人大学院

一九九三年、四七歳のときに、私は信州大学から東京都文京区にある筑波大学夜間社会人大学院に異動した。社会人大学院は、旧東京教育大学の文学部と教育学部が入っていた古い建物を使用していた。そこは昼間働いている人が平日の夜間と土曜日に学ぶ大学院で、教師、看護師、福祉関係者、企業人など多様な人が学んでいた。東京教育大学教育相談研究施設からの流れをくむ相談室もあった。私が大学院生のときに作成したベニヤ板でできた車を相談室で発見したときには、驚きで思わず声をあげた。若かった時代がよみがえった。大学院時代に指導を受けた原野教授は、この筑波大学夜間社会人大学院で定年退職を一年後に控えていた。

東京教育大学、筑波大学、信州大学と不登校の児童生徒の援助を長年にわたってやってきたが、大学の相談室での援助に限界も感じていた。大学の相談室では子どもたちは元気にしているし人間関係もよいのになかなか登校しようとしない。それはなぜなのか。児童生徒に登校意欲がわいてくるのを妨げている不安は教室において条件づけられたネガティブな情動による。このネガティブな情動を消去するには、教室には今では嫌悪刺激がないことを確認できなければならない。ところが教室に登校しないので、教室には嫌悪刺激が存在しないことを確かめることができないのである。不安が消えないので、児童生徒の登校意欲がわかない。大学の相談室での援助は靴底から足の裏のかゆい所をかいているような感じがしてきた。

2 不登校に関する行動療法の理論

①不登校行動の形成と維持

東京教育大学時代からの約二〇年間は、行動療法の標準的な援助方法を中心に不登校児童生徒の登校支援を行ってきた。今でも、基本的にはその考えは変わっていない。

なぜ不登校が起こるのか（図3）。子どもは、先生に叱られたり、友だちとのトラブルが起きたり、毎日の授業が退屈だったりというように、学校や教室でいやな思いをすることがある。内向的な人は嫌悪刺激に条件づけられやすい。このような特性のある児童生徒が不快な体験を繰り返すと、古典的条件づけによって教室にネガティブな情動が条件づけられる。そして学校が罰刺激の性質を獲得する。そのために、子どもは学校に行かなくなる。古典的条件づけはパブロフの唾《だ》液条件づけと同じタイプの学習で、二つの刺激が同時に与えられると片方の刺激の性質をもう一方の刺激が備えるようになる。行動療法では、不登校が起こる理由をこのように考える。そして学校に行かないことによって不快な刺激を避けることができる。つまり登校しないことで罰刺激を避けることができるので、不登校行動が維持されるというオペラント条件づけの原理によって説明される。オペラント条件づけは行動後の刺激（報酬あるいは罰）によって、直前に行った行動が修正を受ける学習をいう。このように不登校の発生と児童生徒がなかなか登校しようとしないことについて、古典的条件づけとオペラント条件づけの二過程理論によって説明される。

不登校の児童生徒はさらに厄介な状況に追い込まれる。家に引きこもっていることは必ずしも安全ではない。「どうして登校しないの？」「登校しなきゃだめじゃないか！」と、登校しないことを親から叱られ、登校を促される。児童生徒は学校にも家にも罰刺激が待ちかまえる葛藤状態に置かれる。そのどちらにも接近することはできない。児童生徒のス

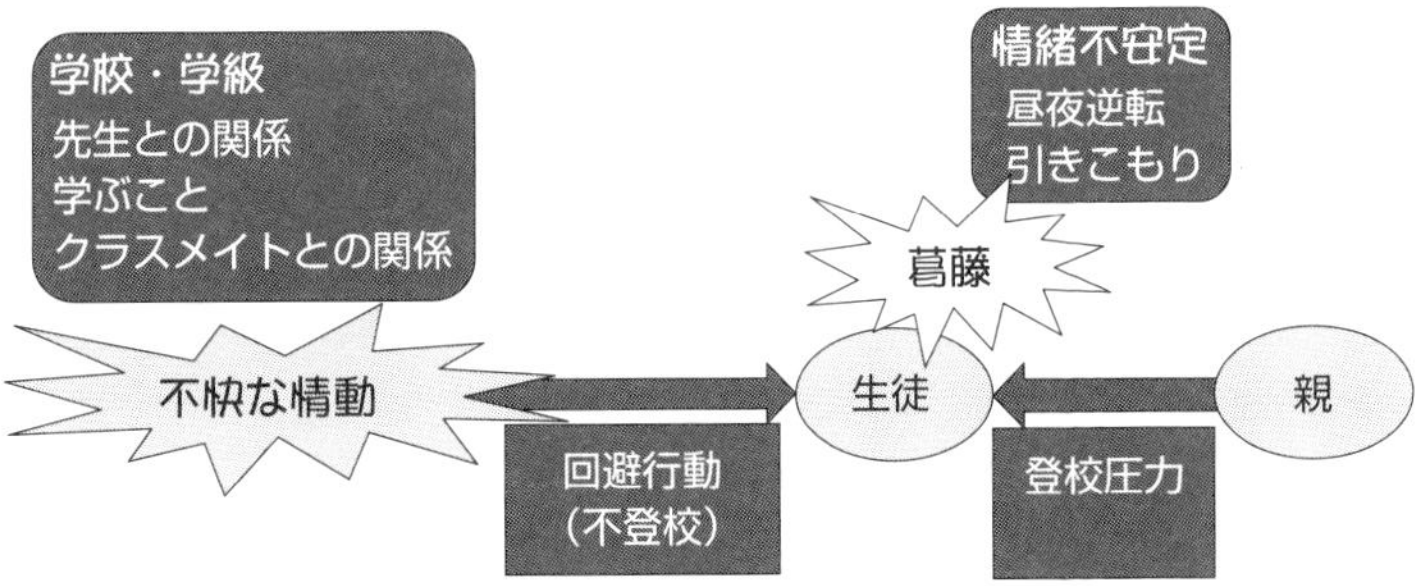

図３　不登校の発生と状態像

トレス源は学校と家庭だけではない。「登校しなければならない」と、児童生徒自身が強く思っていることが少なくない。登校していない自分を自分自身で責めてしまうという、やっかいなことが起こる。児童生徒はストレスにさらされ続けて情緒的に不安定になり、親や兄弟にあたったり、夜眠れなくなったりする。また気晴らしのために長時間テレビを視聴したり、ゲームにふけったりして気を紛らわす行動にでる。家族からのストレスから逃げるために、部屋に引きこもって出てこなくなることも起こる。

以上のように、行動療法理論によって不登校の発生と児童生徒の状態について説明できる。そうであるならば、行動療法による登校支援は二段階の援助となる。まずは子どもの葛藤状態を解消すること、次に学校生活の不安や恐怖を消去することである。

②葛藤状態の解消

不登校の子どもは、なぜ葛藤状態になるのか。学校でも罰を受け家庭においても罰を受ける状態にあり、どちらにも接近できないためである。また自分の部屋に引きこもって問題を回避しているので葛藤状態が解決されないままになっている。このままの状態では、子どもは精神的に消耗して元気になれない。

どうすれば、児童生徒が葛藤状態から解放されるのか。二つの方法が考えられる。登校の不安そのものを解消することが一つの方法である。もう一つは、親が子どもを叱ることをやめて登校刺激をなくし、子ども自身も自分を責めることをやめることである。そして、家族が子どもを精神的に支える側に変化することがあれば、児童生徒の葛藤状況は解消される。

親はどのようにすれば変わることができるのか。子どもを登校させようと焦るのには、親の不安が影響していることが考えられる。親は、「子どもが学校に行かなくてはきちんとした社会人になれないのでは」「このまま家に引きこもったままになってしまったらどうしよう」と考えて不安になる。現在の日本では、中学校を卒業して高等学校に進学する生徒が多い。しかし、高校に進学しないと落ちこぼれの社会人になってしまうのだろうか。世界に目を向けたり時代をさかのぼって考えたりすれば、学校に行かなくても社会人になれることがわかってくる。つまり仕事をしながら、仕事に関することや社会の仕組みについて学び続けることはできる。われわれは、学校で学んだだけではなくて社会人になってから多くのことを学んでいるのではないだろうか。

高校生のなかには、学ぶことが好きではない生徒もいる。そうであるなら、学びたくなってから学ぶという選択肢もある。通信制の高校や大学もある。社会人を対象とした大学院もある。いま学ばなくてもチャンスはある。この信念は、不登校の児童生徒を援助してきた経験だけではなく、私が夜間の社会人大学院の教員をしていたことやその同じ校舎に放送大学の学習センターがあって幅広い年齢層の人が学んでいる姿をみてきたことが関係している。社会人になってから学ぶメリットの一つは、新しい知識を自分の積んできた社会経験と結びつけて考えることができることである。

親の不安は別にもある。親は、不登校の原因は何だろうと考える。まったく心あたりがない、子どもに訊いてもわからない、原因がわからなければ解決のしようがない、もしかしたら自分の子育てが原因ではと考えて、子育てに自信を失っている人も多い。不登校の原因が自分の子育てにあることを否定したくなる。学校でいじめにあったのでは、担任の指導に問題があるのではなど、家庭とは別に原因を求めたくなる。

「私の子育てに問題があったのでは」と言う親に、「どんな問題があったのですか」と訊くと、具体的に「これこれです」という返事が返ってくることは少ない。子どもが不登校になったという結果から、自分の子育てに問題があったのではと推測しているように思えた。

これまでの子育てに問題があれば、今から修正すればよい。過去を悔やんでも過去にもどってやり直すことはできない。私は、「不登校をきっかけにご自分の問題に気づかれたのはよかったですね。これも子どもが不登校を起こしたからこそ気づいたことで、気づけてとてもよかった」と親に語りかけることがよくある。そして、「登校しない理由を子どもに問いつめたり、子どもを責めたりすることはやめて、子どもが登校できるように、一緒に考えていきましょう」と、両親への協力を約束する。

不登校の子どもを抱える親に、私自身の反省も込めて次のような話をすることもある。「いま家族で楽しんでいることは何ですか」。結婚するときは温かい家庭をつくろうと考えるのではないだろうか。しかし会社で仕事に追われ、子育てに一所懸命になっているうちに、家庭生活がおろそかになってしまっていることがある。子どもも年長になると自分の部屋で宿題をしたり、インターネットで情報を見たり、ネットゲームに夢中だったり、テレビを観たりして、家族一緒の時間を過ごすことがほとんどない状態になる。「家庭生活を心から楽しみませんか」と提案するようにしている。数年で子どもは成人して家族から独立していく。今こそ、家族で楽しい経験を積む最後のチャンスである。「家族みんなで楽しむ可能性を一緒に見つけましょう」。

また、私自身の単身赴任の経験をもとに、料理の話をすることもある。「そうじや洗濯は掃除機や洗濯機を使ってできる。食材を入れてボタンを押すと、肉じゃがやハンバーグができたりする機械はないですかね」、「私は単身赴任で生活していて、料理が一番困りました。子どもが学校に行かないで家にいるのだから、料理を教えてあげるのもあるかな。おいしい料理ができると、人が集まってきますよね」。こんな話をすることも多かった。

行動療法は「悪者探し」をしたり過去のことを問題にしないで、これからすることを一緒に考えましょうという姿勢でかかわるので、面接の途中で親の深刻な表情が明るく変化してくることが多い。親が明るくなることが、家庭生活や子どもに影響する。

③漸次接近法とネガティブな情動の消去

行動療法の登校支援には、登校強制法と漸次接近法がある（二章（1）31－32頁参照）。漸次接近法を使っていた私は、相談室に来ない児童生徒の自宅を家庭訪問することもあった（図4）。それでも自分の部屋に引きこもり児童生徒に会えないこともある。そのようなときに私がしていたことは、親と少し大きな声で話して、親面接の内容が児童生徒の耳にも届くようにしていたことである。次の面接で、「子どもさん、私のことを何か言っていましたか」と訊いたときに、母親から「変なおじさんだったと言っていました」と返事が返ってくると、内心で「してやったり」と、つぶやいたものだった。

児童生徒は家庭訪問してきたカウンセラーをどう思うだろう。子どもをどのようにして登校させるかを相談するに違いないと思っているのではないだろうか。ところがカウンセラーと親の会話を聞いていると、いま学校に行かなくても大丈夫、不登校はそれほど悪いことではない、家庭で楽しいことをするにはどうするかなど、児童生徒の予想とは違う話をしている。私は両親と児童生徒のかかわり方を、学校に行く、行かないでもめている関係から解放しようと考えていた。

家庭訪問して子どもと会うことができたときには、私は持参したトランプやバドミントンをしたりして児童生徒との関係づくりをして、大学の相談室に来るように誘うようにしていた。大学の相談室では、不登校の児童生徒と各県から派遣されてきた教師や学生たちと卓球、バドミントン、ソフトボールなどの運動をすることが多かった。運動は気分転換に有効である。児童生徒のストレスの発散と人間関係の自信回復の効用を考えていたが、楽しい時間をみんなで共有したいと思っていた。登校はしていないけれど、自分で決めていることであり、人から非難されることではない、無為に時間を過ごしているわけではないと受けとめてほしかった。

児童生徒が精神的に安定してきたら、登校に向けての援助が始まる。家を出て学校に近づくにつれて不安は強くなり、教室の中がもっとも不安や恐怖が強い。登校するに

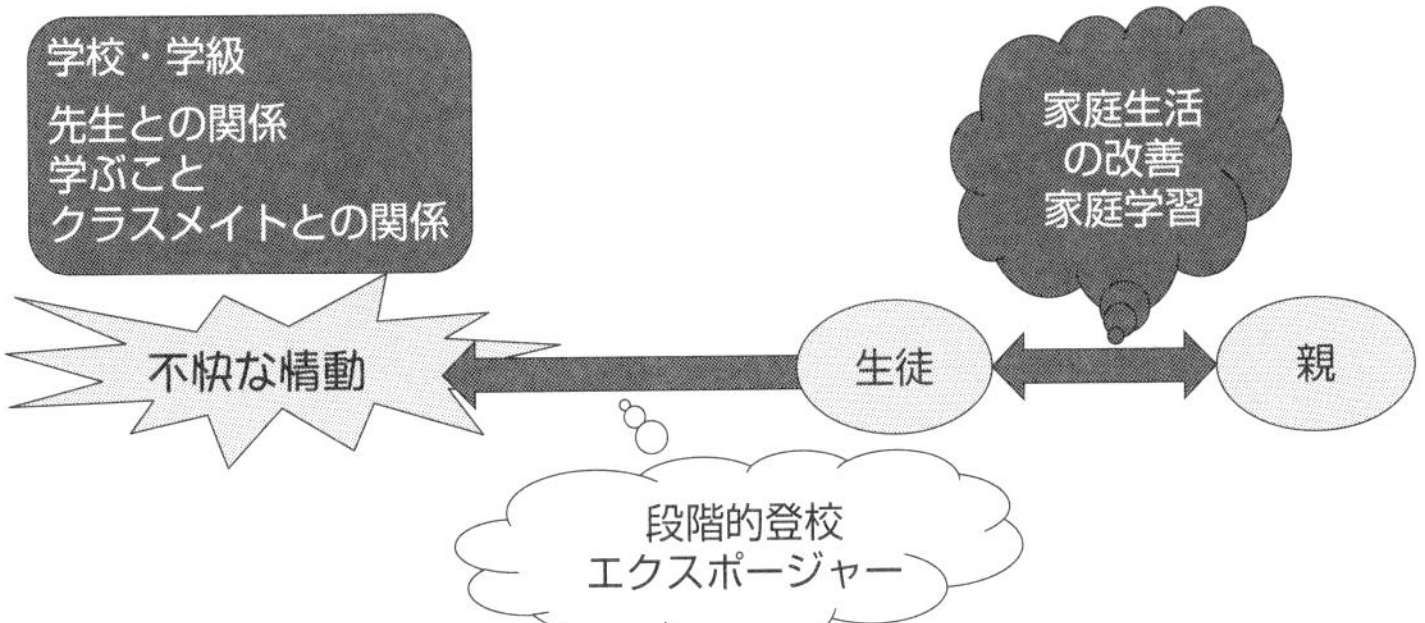

図4　漸次接近法による登校支援

は、教室に条件づけられたネガティブな情動を消去することが必要になる。行動療法で恐怖や不安の消去に頻繁に使われているのがエクスポージャー法である。古典的条件づけの消去の手続きに基づいて、学校や教室に罰刺激がないようにして児童生徒が教室に入ることを繰り返せばネガティブな情動は消去していく。漸次接近法は教室から遠いところから順に恐怖を消去していくのに対して登校強制法は最初から教室に入って恐怖の消去をはかるのである。しかし恐怖反応は、唾液反応のようには消去されない場合がある。高所恐怖や対人恐怖など、恐怖場面に何度直面しても簡単には恐怖は解消しない。なぜなのか。

恐怖条件づけとパブロフ(33)の行った唾液条件づけでは著しい違いがある。ひとつは条件反応の性質であり、もうひとつは条件刺激の性質である。また認知的要因が恐怖反応を強めている問題もある。

唾液条件づけでは、条件刺激のベル音によって誘発された唾液反応は、肉片が口に入らないことによって無意味に終わる。ところが条件刺激によって引き起こされた強い恐怖反応は、十分に怖い情動として体験される。したがって、食べ物が口に入らず無意味に終わった唾液反応は消去していくのに対して、強い恐怖反応はそのまま条件刺激に結合し続けることになる。

また唾液条件づけでは、ベル音など食反応と関連しない刺激に条件づけられている。ところが恐怖症は高所恐怖、対人恐怖、動物恐怖など対象となる刺激はかぎられていて、「まんじゅう恐怖」や「テーブル恐怖」などはない。恐怖が条件づけられる刺激は遺伝的に決められているのであろう。そのために、一度恐怖が条件づけられると消去が困難になる。恐怖が条件づけられる刺激は、実際に危険をはらんでいる。高所恐怖の対象である橋の上や塔の上は、構造物が壊れる危険、たとえば地震が起これば倒壊の危険がある。はしごは倒れたり落っこちたりする可能性がある。閉所恐怖であれば、車や電車などの乗物事故の危険がゼロではない。たいていの人は、自分には事故が起こらないと楽観的に考えているので、平気で乗り物に乗れる。対人恐怖も同様である。人との関係は、よいことばかりではない。強いストレスを感じたり自尊感情がひどく傷ついたりすることもある。人と交流することは危険をはらんでいる。

恐怖症は、罰刺激を実際に経験していなくても人の話を聞いたり、起こりえる危険を自分で想像することによっても発症しえる。記憶力が発達し言語を獲得した人類は、繰り返し考えたり想像したりして、自分をストレス状態に追い込むことがしばしばある。危険や恐怖反応が起こるのではないかという認知（予期不安）も恐怖反応を促進する。「危険はない」「だいじょうぶ」と思おうとすればするほど、「危険」にとらわれ不安が増すことになる。たとえば、地下鉄のホームの端に立っているときに、「誰かに突き飛ばされて、線路に落ちるかもしれない」と考えてみよう。突き落とされる可能性を否定し、「不安を消し去ろう」とすればするほど気になり、ホームの真ん中に移動したくなるであろう。また心臓の鼓動の速さや冷や汗などの情動反応が不安を強め、強められた不安がさらに生理反応を引き起こす。このようにして不安反応は増幅されていく。この先どうなるか、不安に圧倒され気が遠くなり倒れてしまうなどの最悪の事態さえ予想することになる。

しかし、恐怖などの強い情動は一〇分以上続かないことがわかってきた。一〇分を過ぎると恐怖感は次第に低下してくる。ところが人が恐怖刺激にさらされたとき、恐怖は次第に強くなると予測してしまう。そして一〇分以上その場に留まることができないで恐怖刺激から逃げ出してしまう。刺激に直面して恐怖が下がってくるという経験をすることができないがために、恐怖は消去されない。行動療法が認知・行動療法へと発展してきて、恐怖が次第に下がってくる経験を通して人の予測が書きかえられることが強調されるようになった。

④行動療法の援助プロセス

行動療法の本には技法についてくわしく書いてあるが、技法をきちんと実施したとしても効果は限定的である。技法の使い方の巧みさこそが成果に影響する。

心理療法やカウンセリングには共通の問題解決のプロセスとそれを促進する要因がある。

一般の問題解決のプロセスを考えてみよう。

まず何が起きているのか現状の把握が必要になる。それを基にして、どこに課題があるのかを考える。課題が見つかったら、解決に向けて取り組む。医療でも同じである。何が起きているかを知るために、問診と検査を行う。病気が判明したら、治療して経過を観察する。このプロセスは行動療法でも同じである。ただ、問題を解決するのはクライエントであって、セラピストではない。セラピストの役割はクライエントのサポート

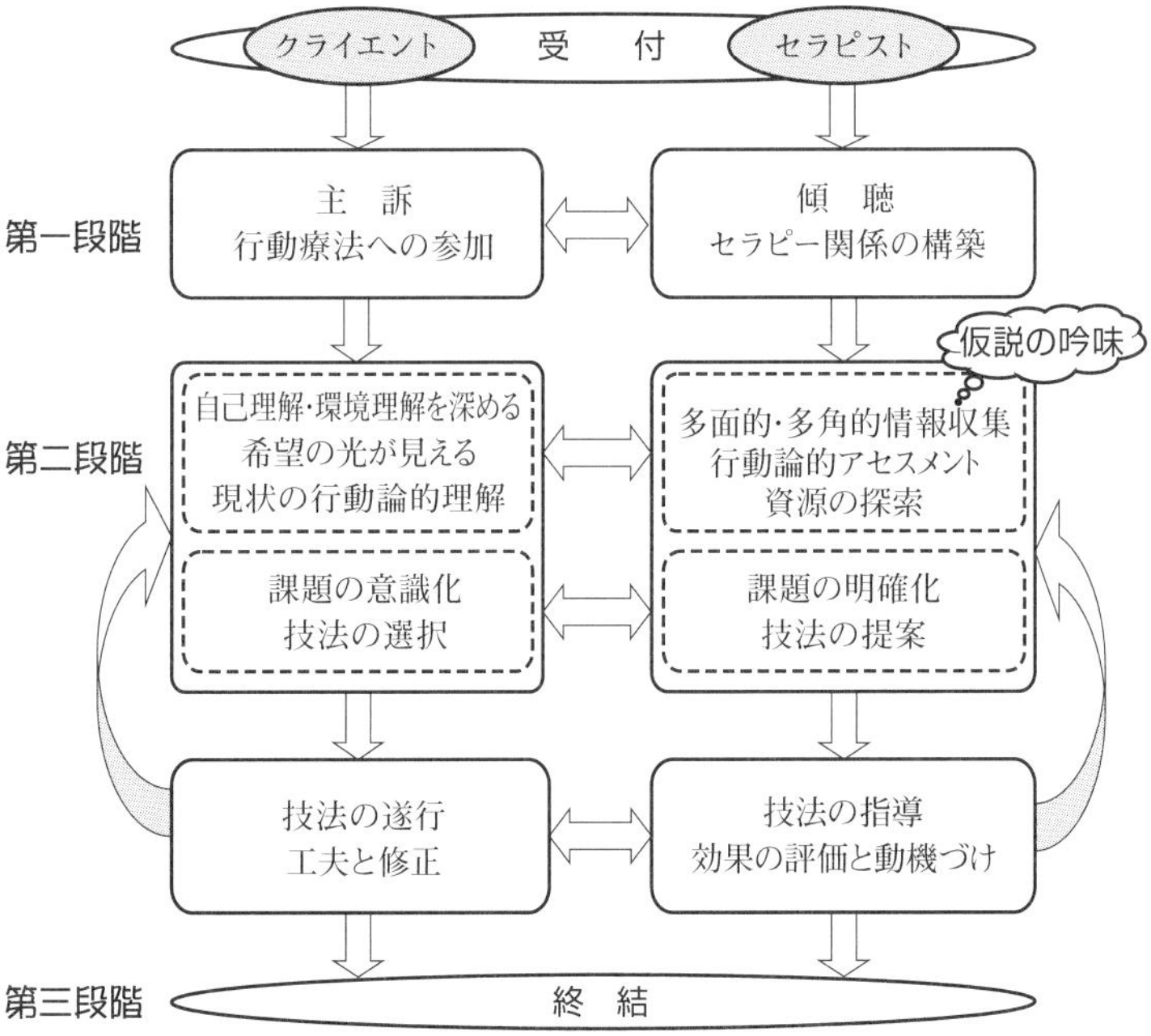

図5　行動療法の援助プロセス

役である（図5）。二人三脚で問題を解決するので、セラピストはサポーターとしてクライエントに受け入れてもらわなくてはならない。最初の課題は、セラピー関係の構築となる。クライエントの困り感に焦点をあてて耳を傾け、クライエントの生き方を尊重し共感的理解をしながらクライエントとカウンセラーの関係を深めていく。

行動療法においても、クライエントとセラピスト間の人間関係が、援助の効果に影響するという科学的証拠がある。関係を深めながら、セラピストが多角的・多面的にクライエントに質問し、何が起きているのかの情報を集めていく。クライエントは、セラピストの質問に応えて出来事や思いを言葉にすることで自己理解・環境理解を深めていく。このときに行動療法のセラピストは行動論的な枠組みを使ってアセスメントを行い、人の反応を思考・行動・情動の主観的反応・生理反応の相互関係としてとらえる。

そして、クライエントが自分の課題を見つけて理解できたら、クライエントの意思を確かめながら思考・行動・情動・生理のいずれかをターゲットにして技法を選択する。課題解決の段階でも、カウンセラーがクライエントの生き方や意思を尊重することが援助効果に影響することが知られている。

⑤実際の社会生活と創りあげている信念

あなたは、条件づけ理論だけで援助ができるのだろうかと考えるに違いない。行動療法が認知・行動療法になって信念などの認知要因の重視性が言われるようになったが、行動療法の時代からクライエントの生き方や認知を尊重することが効果に影響することが経験的に知られていた。私は、実際の社会生活と創り上げている信念の関係としてとらえていた（図６）。

行動療法理論に従えば、人は環境に働きかけ、環境の応答をみて行動を変容させる。むくわれればその行動を繰り返すし、むくわれなければ中止する。そして環境に適合した行動様式を学習していく。このような見方は、動物にはそのままあてはまるだろう。しかし、人は発達した記憶力と言語を使い、自分自身や将来について考えながら生きている。ほかの動物のように、敵から身を守り、獲物を得て、繁殖するというような単純な生き方を

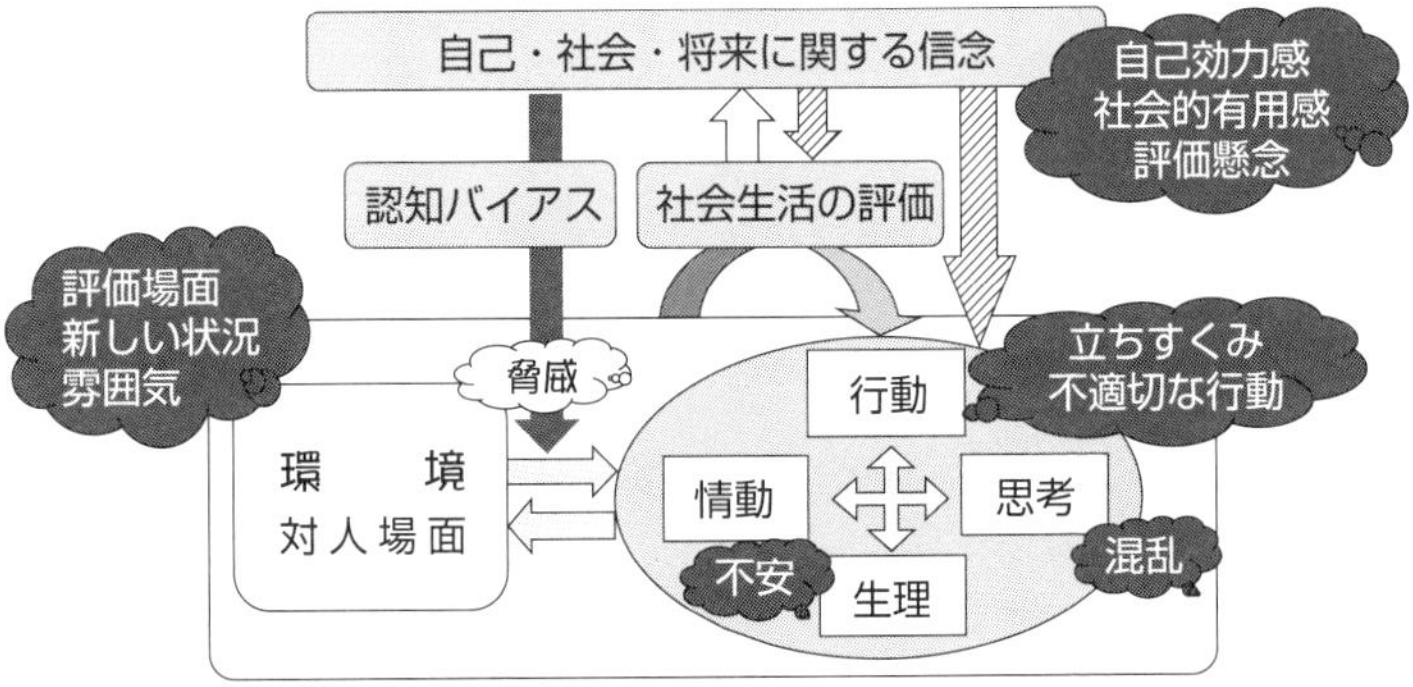

図６　人間関係の認知・行動モデル

しているわけではない。

ひとつは社会生活の評価である。人びとと共に社会生活するなかで、よい人間関係がつくられ、意味あることをしているという実感がもて、楽しいという思いがあれば、自分自身や社会生活を充実したものと感じとる。その逆のことが起こっていれば、自分はうまく社会生活を送れていない、社会的に苦しい目にあっていると考えるだろう。

さらに人は創りあげている信念をもつ。社会生活を肯定的に受けとめると、自分は人びとから愛される価値があるとポジティブな自己像がつくられ、社会環境や人びとに関して好意的なイメージが形成されていく。そして、将来像がポジティブに描かれる。逆に実際の社会生活がうまくいかないと、自分や周囲の人びとに対してネガティブなイメージが形成される。これが実際の社会生活から創りあげている信念への影響である。

また創りあげている信念は、実際の行動や社会生活の評価に影響する。図6では、自己・社会・将来に関する信念から反応と社会生活の評価に向かう斜線の矢印で示されている。自分や人びとに対して肯定的なイメージが創られると、自信のある行動や人びとへの温かみのある行動として表れるだろう。また自分の社会生活や環境の評価はポジティブに色づけされるであろう。

このように人は、行動と環境からの応答という現実に起こっていること、現実に起こっている内容をどのように理解するか、そして自分や環境に関する信念というように多重な世界のなかを生きている。行動療法による援助では行動変容に焦点をあてるのだが、クライエントの世界観や信念が行動変容に重要な影響を与えていることにも配慮が必要になる。それだけではない。クライエントの生き方を尊重してこそ、行動変容が意味を持つのだから。

行動療法はしだいに認知・行動療法へと変容してきた。ベック(5)やエリス(7)は刺激に対して行動や情動反応が起こるのではなく、それらに先行する自動思考やビリーフ（信念）を想定している。つまり、人によって同じ刺激や状況をポジティブにとらえたり、ネガティブなものとして受けとめたりする傾向がある(9)。実際に抑うつ症や不安症の人は状況や刺激をネガティブなものとしてとらえる傾向がある。不登校の児童生徒のなかにも同様の傾向が見つかるであろう。

このような認知バイアスを図6では濃い矢印で示した。そして、不適応を起こしやすい人は、ネガティブなものとして取り込んだ刺激や状況を思考や信念によって悪いほうへ悪いほうへと拡大解釈する習慣が観察される。思考や信念の影響は大きい。行動療法では実際の行動や社会生活を変容することによって自己概念や信念を修正することを考えていたが、認知・行動療法に変容して思考や信念に直接介入するようになった。

3 対人関係ゲームの誕生

①学級が変わった

信州大学から再び筑波大学に異動した一九九〇年代に、私の登校支援に対人関係ゲームが追加された。

筑波大学の相談室でも、当初は、楽しく人間関係を経験することで社会環境や人間関係に関する信念をポジティブなものに修正して、登校行動につなげようとした。しかし、そう簡単には教室登校につながらなかった。児童生徒のクラスメイトに対する不安と緊張感を解消するには校内での介入を必要としている。大学の相談室でやっていることとは距離がある。信州大学時代に開発した拮抗動作法（42頁参照）を学級で使うことで、教室で条件づけられたネガティブな情動を消去できないだろうか。拮抗動作法は個人面接で適用する技法である。拮抗動作法を教室で実施するためのヒントになったのが、筑波大学の私の研究室のならびに研究室があった國分康孝教授が開発した構成的グループエンカウンター(22)の集団を動かすスキルである。

筑波大学に異動したあとも長野の自宅で田上臨床教育研究会を主宰し、教師たちと一緒に研究を続けてきた。その研究会のメンバーの教師が、私と協力して、不安で固まっていた小学生のいる学級で拮抗動作法を実践したのが、対人関係ゲームの最初だった[30]。その事例をモデルにして研究会のメンバーが自分の教室で実践し、私が研究会での検討を受けて理論化していった。さらにそれを基にメンバーが学校で実践し、それをまた私が理論化するという作業の繰り返しで、対人関係ゲームは開発されていった。

事例11　緊張して教室にいた児童

特別支援学級に登校していた小学生のK子さんが学級に登校するのを支援した事例が、対人関係ゲームの始まりだった。K子さんは特別支援学級に登校していて、一日の大半を特別支援学級で過ごしていた。例外は音楽の授業で、クラスメイトに連れられて音楽教室で授業を受けていた。しかし席に着いたまま固まってしまい、ほかの子どもと交流することがなかった。授業が終わるとすぐに特別支援学級にもどってきてしまった。

クラスメイトと交流できるように、学級で六回のセッションを計画したが、三セッションが終わったところで教室に登校するようになった。教室に入ったK子さんは、以前の音楽の授業のときとはようすが違っていた。対人関係ゲームで一緒に遊んだ経験をした彼女は、休み時間にクラスメイトに遊びに誘われ楽しそうにしていた。

最初は不登校児童生徒の不安解消に注目していたが、事例を検討していて気づいたことは、教室に戻ったときの人間関係が変わっていたことだ。クラスメイトから遊びに誘われ、K子さんも誘いに乗るようになっていた。すでに対人関係ゲームで一緒に遊ぶ経験をしているので、一緒に遊ぶことにためらいはなくなっていたのである。

援助の焦点を個人から集団に移すことがスムーズに運んだのは、信州大学時代のある経験が関係していた。学生の卒業研究を指導していたときのことである。学生が取り組んでいた研究は、幼児を対象としたソーシャルスキル・トレーニング（SST）の介入研究であった。幼稚園の協力を得て、引っ込み思案の幼児に「ハンカチ落とし」や「かごめ、かごめ」の遊びを使ってソーシャルスキルの指導を行い、その効果を確かめていた。

学生と研究を打ち合わせしていたときのことである。突然、途中から学生と話がかみ合わなくなったことに気づいた。どうしても通じ合わない。このようなことは、初めての体験である。私は、こんな単純なことがどうしてわからないのだろうと相手にいらいらしていた。そのときわかった。SSTだから、私は当然のこととして引っ込み思案の幼児に注目していた。学生のほうは集団に注目していたのである。目からうろこであった。人間関係がうまくいかないのは、引っ込み思案児だけの問題ではなく、人間関係が苦手な子どもをうまく受け入れることができない集団の問題でもある。

行動療法は古典的条件づけやオペラント条件づけにみられるように、問題を個人のパーソナリティに求めるのではなく、刺激と反応という個人と環境との相互作用という視点からみようとしている。しかし行動療法においても個人の行動変容に目が向いていて、集団に介入し変容する技法はほとんど開発されていない。対人関係ゲームは、環境資源を活用するために集団に介入する数少ない技法であることに気づいた。

その後、特別支援教育も始まり、発達障害をはじめ多様な子どもをあたりまえに受け入れる学級集団づくりの重要性がますます増してきている。対人関係ゲームは学級集団づくりの技法として発展をつづけたが、学級システムに介入する技法として自覚されるまでには時間が必要だった。学級とは学校教育における児童生徒の単位集団をさしており、この本で学級システムと言っている場合は、学級の児童生徒に担任を含めた集合体をさしている。長い間、対人関係ゲームは児童生徒間の人間関係だけに注目して学級集団づくりに取り組んできた。

②登校を支える要因

なぜ、学級集団に注目するのか。行動療法の理論によれば、児童生徒が自発的に登校を続けるには学校でいやな思いをしないというだけでは十分ではない。登校することが報われることが重要となる。児童生徒の登校を支えるものは何か。研修会などで参加者に中学生が登校する理由を問うと、出てくる回答は三カテゴリーに分類できる。成果をあげる、楽しい体験ができる、登校圧力である。

成果をあげるとは、将来の進路のために高校受験資格の取得や知識・スキルの習得という内容である。楽しい体験には二つの領域があり、楽しい授業や学校行事などの活動を楽しんだりおもしろがったりすることと先生との関係や友だちと遊ぶのが楽しいという人間関係に関する内容がある。登校圧力とは、親や教師から登校を促されることや大多数から外れることの不安などである。中学生の登校を支える条件としてネガティブな要因である登校圧力を除外して考えると、成果をあげて目標を達成することと授業や学校行事ならびに人間関係での楽しい体験が重要になる。

われわれの職場環境でも同じことがいえないだろうか。働きやすい職場として、まず人間関係が思い浮かぶだろう。職場で孤立していたり、足を引っ張り合う雰囲気の職場だったりしたら、ストレスが高くなりつらい思いをすることになる。逆に支え合う人間関係がある職場は居心地がよいにちがいない。さらに人間関係だけでは不十分で、仕事がうまくいくことが必要である。仕事にやりがいがあり、仕事ぶりが高い評価を得ることになればストレスは低くなり生きがいとなる。つまりよい人間関係があり、仕事が順調で、楽しい・おもしろいという体験ができれば、職場は居心地のよいものとなる。学校も同じではないだろうか。

クラスメイトや教師との人間関係がよく、学ぶことが順調にいけば、学校生活が快適なものになる。逆に、クラスメイトや教師との関係が悪く、学習活動がうまくいかなければ、学校生活が苦しいものとなる。苦しい状況を避けようとして、児童生徒が学校を休むということが起こる可能性が高まる。不登校を経験した人の調査で

表1　不登校のタイプ（田上，1999(48) より改変）

不登校のタイプ	要　因	特　　徴
人間関係ができなかったタイプ	クラスメイト	入学時や転校時にグループに入れないなど、クラスメイトとの遊びやおしゃべりを楽しめなかった。発達に特性のある子どもたちが含まれている。
期待への応えすぎタイプ	学　習 クラスメイト	能力が高く学校の成績もよい。教師から高く評価され、友だちにも一目置かれている。一見学校生活に適応しているように見える。しかし、本人は学業成績がよく、品行方正でものごとをきちんとできるから人から認められるという信念にとらわれる。
ストレスへの耐性が低いタイプ	学　習	勉強や校則の縛りなどの学校ストレスに耐えられなくなった。学校は子どもが社会人となるための修行の場といえる。耐えてやり遂げる必要もある。
人間関係のトラブルによるタイプ	クラスメイト あるいは教師	教師の体罰やクラスメイトとのトラブルが関係している。

は[8][10]、不登校のきっかけとして友人関係、学業の不振、教師との関係が重要であることが裏づけられている。私が関係している研究会のメンバーの研究でも、児童生徒の登校意欲が、クラスメイトとの関係、学習の問題、教師との関係と関連していることが証明されている[29]。

わかりやすい授業・おもしろい授業や学級の人間関係づくりなどの学級経営は学校教育の基本である。不登校の予防でも、このことが重要であることがわかってきた。多くの場合、不登校の児童生徒は何らかの原因により人間関係や学ぶことがうまくいかなくなり、学校生活のストレスに耐えられなくなったと考えられる。不登校のサブグループの特徴と教師・クラスメイト・学習の要因との関係を表したのが表1である。学校生活で苦戦している児童生徒が授業に興味をもち、おもしろがるようになり、クラスメイトに受け入れられるようになることが重要である。

登校支援は、不登校の予防との共通点が大きい。私の登校支援に転機が訪れた。

③「つながりあう登校支援」の見直し

漸次接近法は教室に入る不安を解消するために使われてきた。しかし、不安の解消だけではなく、居心地のよい環境づくりも登校支援の視野に入ってきた。そうであるならば、児童生徒と教師間によい人間関係をつくり、クラスメイトと教科学習に対する不安を解消するとともに学校生活を楽しくおもしろくすることを考えるべきであろう。対人関係ゲームを開発し活用する意味がはっきりとしてきた。

二章（4）（46頁）で述べた、「つながりあう登校支援」の見直しが行われた。「つながりあう登校支援」はカウンセラーが不登校の児童生徒に寄り添いながら登校を支援するものであったが、あらたにカウンセラーに代わって教師が援助する方式が加わった（図7）。①家庭で、遊びを媒介にして教師が子どもとつながる。②子どもとつながった教師が日時を決めて学校で子どもと待ち合わせ、クラスメイトのいない教室で学習支援をする。③子どもが、クラスメイトと一緒の授業に少しずつ参加するようになる。そして子どもが教室

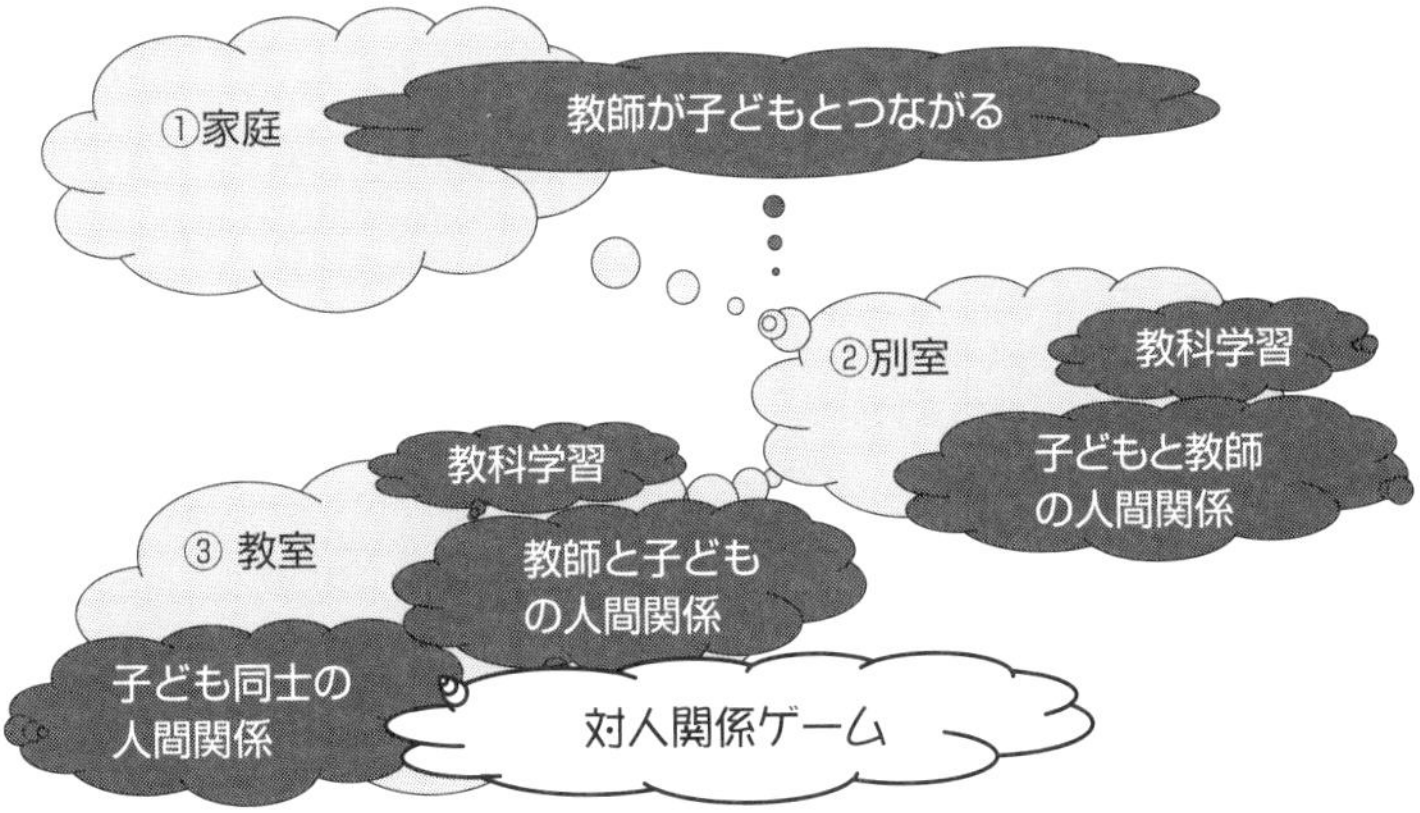

図7　つながりあう登校支援Ⅱ型

登校したところで、対人関係ゲームで学級の人間関係づくりをする。二章の「つながりあう登校支援」に対人関係ゲームが加わることで、人とつながり、人と人をつなぐ戦略が明確になった。

登校を支える要因について考えるようになり、教師こそ登校支援の適任者ということを明確に意識するようになった。このような考えにいたったのは、それまでの経験によるところがある。信濃教育会教育研究所での実践研究でも、子どもと上手に関係する教師は遊びを活用していたことが多かった。信濃教育会の雑誌『やまびこ』の教育相談コーナーの執筆を担当していたときの経験でも、おもしろいように、子どもと上手につながる教師は遊びを使っていた。転校してくる児童が前の学校で不登校だったと知った教師が児童を数回スキーに誘い、新学期の最初から教室に登校できるようになったという、スキーがさかんな長野らしい事例もあった。教師が子どもとつながると子どもの登校につながるというのは、信濃教育会教育研究所での経験以外にも、心の教室相談員が学校に配属されたときに経験した。文部科学省の施策による心の教室相談員の配置（平成十年度二学期）は急なことで、適応指導教室の指導員が学校の心の教室相談員を兼務していた時期がある。この指導員が、児童生徒を適応指導教室から学校に上手につないだ事例が複数あった。また教頭が適応指導教室に通って卓球を一緒にやり、子どもを登校につなげた事例もあった。

教室に入ったところで対人関係ゲームなどを活用して子どもと子どもをつなぎ人間関係を形成するという経験は、本章の対人関係ゲームの誕生のところですでに書いたとおりである。出会った事例をもとに、不登校を人間関係と学習の視点からとらえ直すことで、新しく登校支援を始めた。この新しい子どもと環境との折り合いの考え方は、著書として公刊されている(48)。

対人関係ゲームの開発によって、私たちの登校支援の方法は大きく発展していった。発達障害の子どもが、人間関係でうまくいかず、不登校になるケースも多いと言われている。長野の研究会では、発達障害の子どものいる学級で対人関係ゲームが活用されるようになった。多様な子どもを受け入れる学級集団づくりは、不登校の予防につながるだろう。障害のある子どもを仲間として受け入れる学級づくりは、注目に値すると思う(17)(18)(24)(25)(34)(53)。

事例12 仲間関係ができたA君

A君は小学校二年生の男児で、自閉症スペクトラムの診断を受けている。特別支援学級に入級しているが、学習に対する意欲も高いことから、主に通常学級にいる。見通しのもてない活動ではかんしゃくを起こす。休み時間は一人で遊んでいることが多い。通常学級の子どもはA君に対してやさしく接しているが、A君は幼く見えるため、「A君、だめでしょ」

「ちゃんとしないと遊べないよ」など、A君を指導するような言葉かけが目立った。担任はA君とほかの子どもたちとの関係が対等ではないと感じ、人間関係のつくり直しをしようと対人関係ゲームを行った。

A君は最初かんしゃくを起こすこともあったが、ルールを覚えていく過程でしだいにそれもなくなった。しかし、協力し助け合う行動は見られなかった。「くまがり」というゲームをしていたある日、A君が敵の陣地の後ろに回り込み一人で歩き回っていた。それを見た子どもたちが、「A君があそこにいるとじゃまで困る」と担任に訴えてきた。担任が、「それがA君の作戦かもね」と伝えると、子どもたちは「はっ」としたように顔を見合わせた。

その後、敵の陣地の後部に回り込む作戦は「A君作戦」と名づけられた。A君は休み時間にも「くまがり」をやりたがるようになり、作戦タイムに発言するようになった。クラスの子どもたちにも、A君を対等に認める発言が増えていった。また、A君も休み時間に自ら友だちを誘って遊ぶようになった。

4 コミュニティによる登校支援

筑波大学では、定年退職直前に亡くなられた原野教授の金曜日の研究会と私の火曜日の研究会を一緒にして、毎週金曜日に「金塾」を主催するようになっていた。長野県の田上臨床教育研究会で開発が始まった対人関係ゲームは、「金塾」を通して首都圏の教師やスクール・カウンセラーに伝えられた。また富山県、福井県、栃木県をはじめとして各県の教育委員会から私の研究室に派遣されてきた教師が長野での夏の研修会に参加して、各県に対人関係ゲームは広がっていった。

東京の研究会の「金塾」では、スクール・カウンセラーをしている社会人大学院生がいて社会的資源や学校組織の活用にすぐれていた。大学の相談室を中心として登校を支援していた私とは違って、彼らの援助は学校組織の活用やコミュニティ・アプローチによる登校支援という特徴がある。また、チーム支援やコーディネートの考え方など、学校心理学の影響も大きかった(2)(3)(4)(27)(28)。

彼らによる別室登校を活用した登校支援は、次のように表すことができる。①日時を決めて教師が学校で待ち受け、子どもが校内の相談室やリソースルームなどの別室に登校する。②別室で教師が子どもに学習指導をする。③子どもが教室の授業に段階的に参加する。教室に入ったところで、対人関係ゲームを活用して、子どもと子どもをつなぐ。基本的には「つながりあう登校支援Ⅱ型」（83頁）であるが、スクール・カウンセラーが学校の資源を活用して、学校組織のなかで教師と連携しながら児童生徒の登校を支援する三番目のタイプの援助方法である。

事例13 学校システムによる登校支援

中学校三年生のA子さん。九月から体調不良で頻繁に保健室へ行くようになり、十月からは一か月以上欠席が続いている。A子さんは養護教諭に、クラスでの友人関係がうまくいっていないと伝えていた。

教頭、生徒指導主任、養護教諭とスクール・カウンセラーで、学校全体の援助計画を考える時間を毎週一時間とることにした。A子さんへの支援は、担任、学年主任、養護教諭、相談員がチームを組んで、相談室で学習支援を行うとともに、A子さんと教師との関係を深めることとした。

A子さんは、担任と養護教諭の働きかけですぐに相談室登校が始まった。A子さんと同時期に相談室登校を始めた中学校二年生女子二名もいた。相談員が毎日二時間ずつ別室登校の生徒と過ごすとともに週三時間英語を担当。担任は理科を週二時間、主任が数学を週二時間、二年生の担任が国語を担当した。三週間後には、A子さんは担任が教える理科の授業に参加した。

十二月になって、休み時間にクラスメイト数人が相談室を訪問するようになり対人関係ゲームで盛り上がった。

一月には参加する授業も増え、A子さんと仲間たちがリードして、教室で対人関係ゲームをやった。A子さんがこんなに明るくて積極的だったのかと、担任が驚くような場面もあった。

この事例は学校全体で不登校生徒の登校支援に取り組んだところに特徴がある。不登校生徒の支援に英語の教員免許をもつ相談員が配属されていたことで実現できた部分もある。児童生徒の状態や学校環境の違いによって展開はまちまちであるが、大筋はどの事例も同じように支援を考えていくことができる。

進路の問題として不登校支援に取り組み成果を上げた社会人大学院生もいる。彼らは社会的資源の活用にも優れていた。

事例14　自己プランニングによる登校支援

B君は、私立中学校の三年生。入学後一週間で不登校となったが、三年生の四月からは、スクール・カウンセラーが来校する週一日は相談室登校を始めた。相談室でB君は、長期目標に「働くこと」、中期目標として「高校に進学すること」、短期目標に「毎日学校に通うこと」と見通しを立てた。スクール・カウンセラーが来校する以外の日は、担任や教育相談の教師が職員室でB君に対応し、話し相手や学習の援助をした。しだいにB君と教師との関係が深まっていった。

二学期が始まると、教育相談の教師が担当する数学の授業に参加し、十月になると、担任の国語に広がり、英語、道徳、体育と参加する授業が増えていった。

十二月には、ほとんど毎日複数科目の授業に参加するようになったが、休み時間にぽつんと黙って座っているB君の姿があった。そこで、担任がリーダーになって、五十分間の対人関係ゲームを四セッション実施した。

最初の「ひたすらジャンケン」から、B君はスムーズにゲームに参加した。ゲーム体験を重ねるうちに、B君のクラスメイトとの積極的な交流が増えていった。「手つなぎ鬼」「人間知恵の輪」は、人との接触が多いゲームであったが、B君も一緒に手をつないで楽しんでいた。

四回の対人関係ゲームが終了したときには、B君は学級で自然にしており、休み時間にはクラスメイトとかかわり始めた。

事例15　地域での職業実習

中学校三年生のK子さんは、適応指導教室に通っていた。学習が苦手で、片仮名や小学校低学年で学ぶ漢字が書けず、かけ算もままならなかった。このまま中学校に復帰しても授業についていける見通しが立たなかった。K子さんに、将来どうなっていたいのかと訊くと、働いて、親を楽にさせてあげたいということであった。K子さんとカウンセラーは相談して、その日から就業に向けて勉強することになった。

電卓を使った買い物ゲームや国語の学習として新聞を読んだ。K子さんに合った学習だったのだろう。自分から進んで学習に取り組んだ。そして、近所のスーパーマーケットの店長の協力を得て、K子さんはお店で職業実習をすることになった。K子さんが店頭で品出しをしていると、買い物に来た高齢者から「若いのにえらいねぇ」と声をかけられた。これがとてもうれしかったらしい。K子さんは働くことに自信をつけていった。コミュニティの人たちのかかわりが重要だった事例である。

小中学校を中心としたコミュニティによる登校支援が行われるようになって教室復帰までの時間が短縮された。クラスメイトや教師との人間関係がよくなり、授業のストレスが低くなって学校生活が楽しくなる優れた方法だと思う。

しかし、なんとなくそれでいいのかという気持ちもしてくる。カウンセラーと教師がお膳立てをして、子どもを学級に復帰させていないだろうか。不登校という危機の前後で、児童生徒にどのような心理的変化が起きているのだろうと考える。生徒のなかには、自分の生活や教育に疑問や居心地の悪さを感じている者もいるだろう。不登校は、学校での違和感を大切にしながら、自分の進路をあらためて考え直して自己決定するチャンスなのではないだろうか。私が長年行っていた大学の相談室を中心とした登校支援は、自己決定するまでのプロセスで、児童生徒は登校していない自分のありようや毎日の生活を考える貴重な経験をしていたのかもしれないと考えることもある。

私は二〇〇五年四月から二〇〇八年三月まで、筑波大学附属高等学校長を兼務し、二〇〇九年には六三歳で筑波大学を定年で退職した。職場は東京福祉大学心理学部に変わった。対人関係ゲームは学級システムに介入する技法として位置づけられるようになり、実用化の研究と学級での実践を支援する活動を続けている。その一方で「つながりあう登校支援」と対人関係ゲームに関する実践と研究は発展を続け、全国的な広がりをみせている。そして対人関係ゲームの活用に関する実践領域は有能な実践者によって開拓が続いている。その一端は、学会誌や日本カウンセリング学会の大会のポスター発表やシンポジウムにおいて垣間見ることができる。

4章
集団づくりのツール としての対人関係ゲーム

1 対人関係ゲームの意味の発見

あなたは対人関係ゲームというカウンセリング技法について、どこまで知っているだろうか。私は、ここ二十年ほど集団づくりの技法として、対人関係ゲームの研究に取り組んでいる。その理由は、不登校やいじめ、学級崩壊など学校で起きている問題のもとに、子どもと子ども、子どもと教師の人間関係という学級システムの問題がひそんでいると思うからである。いじめや不登校が起こってから対応するのでは遅い。その前に子どもがいきいき生活できる学校環境づくりに関与したいと思っている。

ここで対人関係ゲームの定義をしておこう。対人関係ゲームとは、言語的・非言語的に人とかかわり合う遊びを使って人と人を心理的につなぐカウンセリング技法である。したがって集団に介入するシステムズ・アプローチの技法として使える。すでに対人関係ゲームの誕生について書いたが、必要性と偶然性と人的つながりといろいろな条件が重なって生まれた。あらためて、そのプロセスを振り返ろう。

対人関係ゲームは、クラスに入れない児童の登校支援から始まった。音楽科の授業だけには参加していたが、緊張して自分の席に固まっていた子どもの不安を解消する目的で、最初の対人関係ゲームは導入された。構成的グループ・エンカウンターのエクササイズの実施方法を参考に、遊びの身体運動反応で不安を下げて、子ども同士の交流を生み出そうと計画した。三セッション実施したところで、子どもはすべての授業に参加するようになり、休み時間には、子ども同士で遊びに誘ったり誘われたりの関係ができていた。

その当時は信州大学から筑波大学に異動したばかりの頃であった。長野の研究会の仲間でこの事例を詳細に検討したところ、教室に入れなかった子どもの緊張感や不安が解消しただけではなくて、クラスメイトとの関係が大きく変化していたことに気がついた。それからは、不登校児童生徒の登校支援において、児童生徒本人に向けていた支援から学級の人間関係に注目した支援に重点が置かれるようになった。

対人関係ゲームは不安を緩和して人と人をつなぐカウンセリング技法として始まったが、やがて学級集団づくりの方法として発展していった。そのことに気づいたのは、対人関係ゲームの開発初期に、「くまがり」というゲームに出会ってからである。

筑波大学に職場を移してからも、長野市の自宅で研究会を続けている。その研究会でのことである。登校しぶりのある児童が「くまがり」をする日には教室にいるということがメンバー間で話題になった。さらに、授業が成り立たない学級の子どもたちが「くまがり」にはまってから、学級が見違えるように変化したという話に興味をそそられた。そこで志賀高原で開催した研究会主催の二回目の夏合宿で「くまがり」を体験することになった。「くまがり」の衝撃は大きかった。大人が思いっきり走って、ねんざをしたりすり傷を負ったりした。「流血のくまがり」という言葉も生まれた。そのくらい大人が、「くまがり」のとりこになった。とてもおもしろいゲームだということはわかったが、そのときは、これがカウンセリングとしてどのような意味があるのかわからなかった。「くまがり」は役割分担して連携するゲームということに気づくためには、それから一年ほどの時間が必要だった。ここから対人関係ゲームによる集団づくりの理論化が始まった。

いま学校では、誰からも選択されず一人になることに強い不安をもち、人との対立を避け、ひとりだけ目立つことを恐れて同調行動をとる子どもが増えている。また自分の属する仲良しグループとしか交流できない子どももいる。使い走りをさせられる関係にしかないのにグループから離れることのできない児童生徒もいる。学級の中心となるグループもあり、どのグループに自分は所属できるかが一番の関心事であり、このような現状はスクールカーストと言われたりする(38)。対人関係ゲームで求める人間関係は、このような関係とは違っている。また、友だち関係とも違っている。

「友だち」とは、どんな人だろう。あなたはどう思いますか？　困ったときに悩みを聞いてくれる人。必要なときに助けてくれる人。気が合う人。一緒にいて楽しい人。友だちとは、私的な関係で好きという感情がともなっている。友だちづくりと対人関係ゲームの集団づくりは、共通な点もあるが少し違っているところもある。対人関係ゲームがめざすものは、メンバーが目標を共有し、役割分担し連携をして目標を達成する集団で、その過程でメンバーそれぞれが尊重されているという実感のある集団である(49)。だから、友だちというのではなく一緒に仕事をする仲間といえる。学校でいえば、一緒に学んだり学校行事に参加したりする仲間となる。学級集団には、心が許せる友だちが数人いるだけではなく、みんなで協力し連携できる学級全体の人間関係が必要とされる。もちろん対人関係ゲームで一緒に遊んだり協力したりするうちに、学級のなかに友だちができるかもしれない。

生産的な組織・集団には二つの側面がある。まず組織の使命をメンバーが共有していること、二つ目はメンバーの意思の尊重や選択の自由があること、といえる。メンバーの意思の尊重や選択の自由を確保することで、メンバーは創造的に目標達成にかかわることができ、おもしろがって活動に参加することができる。さらに組織のめざす使命を共有することで社会に貢献しているという意味をつかむことができ、一緒に目標に向かって手をたずさえていくという「われわれ意識」も高まる。リーダーとメンバーを明確に区別するのではなくて、リーダーとメンバーが一緒になって組織の使命を創りだし共有することが基盤となる(6)。

遊びは、対人関係ゲームで重要な役割を果たしている。遊びを使う効用はいろいろあるので、これまで遊びにこだわってきた。なぜ、遊びでなくてはいけないのか？　いまのところ以下の九つの理由が考えられる。

①遊んで「楽しい」というのは人の本能に近い欲求。欲求が満たされることで心が安らかになる。またストレスが解消される。

②「楽しい」活動は人の自発性や創造性を触発する働きがある。

③遊びのなかで人にやさしく受け入れられると、人間関係の欲求が満たされ、人にやさしくなれる。

④遊びの「楽しい」という感情は、「もう一度やってみたい」「もう一度、人と一緒にやりたい」というように、遊びと人間関係を促進する動機づけを高める働きがある。

⑤遊びで身体を動かしたり声を出したり、ハラハラ・ドキドキしたり楽しい感情が緊張や不安を吹き飛ばす（逆制止）。

⑥人の役に立ち支えられる経験は自信を生む。そして評価懸念や不安の問題は解消する。

⑦一緒に「楽しい」体験をすることは、人と人の絆を深める働きがある。仲間意識が育つ。

⑧集団遊びにはたくさんの社会的行動が含まれている。協力したり、助けたり助けられた

り、あいさつしたり、話しあったり、遊びには人間関係を発展させる重要な要素がたくさん含まれている。自然に近い形でソーシャルスキルを学習できる。

⑨遊びはルールを守りあわないと楽しくできない。ルールを遵守する習慣が身につく。

対人関係ゲームに好意的なベテランの教師たちから、学校に広めるにはゲームとか遊びという言葉は使わないほうがよいと、いくどとなく助言された。もっともだと思いながらも対人関係ゲームに代わる名前がすぐには思いつかなかった。時間がたつにつれて、対人関係ゲームを使った「人間関係プログラム」等の名称を使うようになっていった。

対人関係ゲームの実践を重ねるにつれて、いろいろなことがわかってきた。対人関係ゲームの実施後に記入するフィーリングシートに書かれた体験の振り返りの内容が、最初は「勝っておもしろかった」「負けて悔しかった」というような感想から、実施を重ねるうちに「負けたけれど、楽しかった」「うまくいかなかったけれど、おもしろかった」という感想に代わった。つまりゲームだから勝つことをめざすのは当然であるが、対人関係ゲームを繰り返すことで、勝ち負けを超えて人と楽しむということが起こる。

また、通常学級における特別支援教育にも対人関係ゲームが使えることがわかってきた。発達障害の子どもが、表現系のゲームでクラスメイトから「変わっているけど、おもしろい」という評価を受けるようになると、つまり仲間として受け入れられると、授業中に発言するようになり、クラスメイトから高い評価を得るようになることもあった。自信を取り戻した発達障害の子どもは充実した学校生活を送るようになった。もちろん対人関係ゲームをするだけで変わったわけではない。子どものニーズに配慮しながら、学ぶことと人間関係に総合的に配慮した教育をすることで、変化が起こったと考えている。

ゲームの内容として、「ありがとう」という感謝の言葉を交わすとか、自分の気持ちを表現するなどのソーシャルスキル学習を対人関係ゲームに入れられることにも気づかされた(25)。さらに、心をかよわすゲームや折り合うゲームなどによって、人の生き方を尊重しながら対立を解決する力を少しずつつけることもできる。また、集団や人間関係について身を持って学び、人に支えられていることを実感する。そして社会や人間関係についてポジティブな概念と信念が形成される。このことは、困難に直面しても回避せず積極的に取り組むという楽観的な生き方の姿勢につながっていくことが期待できる。

対人関係ゲームの効果をみるために、学校生活充実実感テストや集団の成熟度を評価する学級集団構造テストの開発にも取り組んだ(16)(29)(51)。

二〇一四年に富山県総合教育センターで対人関係ゲームの実用化の研究が始まった。これは目からうろこの出来事だった。心理学の成果が教育の実践の場にあまり普及しないのは、実用化の研究をほとんどしてこなかったからではなかったか。富山県総合教育センター(59)(60)の研究は、研究協力校を絞って手厚いサポートを行い、ゲームの特徴を記したカード、プログラムを考えるためにゲームカードを配列するシート、対人関係ゲームを行うためのシナリオ、実践ノートなど、実践用のツールをいろいろ開発しているのがユニークである。対人関係ゲームに貴重な財産ができた。富山県総合教育センターの研究に触発されて、二〇一六年に科学研究費を受けて対人関係ゲームの実用化の研究を始めた。それが「学級システムプログラム」(五章)である。

2 基盤となる理論

①身体運動反応による不安の緩和

対人関係ゲームを支える主な理論のうち最初のものが、遊びの身体運動と発声によって不安を緩和する理論である。

人間関係の困難さについて、あなたはどう考えるだろう。心理学では、人間関係の困難は人と関係するためのソーシャルスキル不足、人からどう思われるかを気にする過度の評価懸念、対人不安の高さ、人と関係しようとする動機づけ不足という個人要因の問題から、論じられることが多かった。そして、ソーシャルスキル・トレーニング、非合理的信念の修正、エクスポージャー法による不安の消去などが行われてきた。

しかし、人間関係を苦手としている児童生徒を受け入れる集団システムへの介入を考えることはできないだろうか。このことを、私が卒業研究をしている学生から学んだことは述べた（78頁）。学級システムに介入することで、さまざまな特性をもった児童生徒が一緒になって豊かな人間関係を築くことができるのではないか。対人関係ゲームを開発し始めて、この考えを強くもつようになった。

また人間関係の困難は、円環的因果関係によって考えることができる。つまり人間関係がうまくいかないので、ソーシャルスキルが向上せず、評価懸念が高くなり、自己効力感が低いままで不安が高くなる。また、人間関係への動機づけも低くなる。逆に人間関係がうまくいけば、ソーシャルスキルが獲得され、評価懸念も対人不安も低くなり、自己効力感や人間関係への動機づけが高くなると考えられる（図8）。

豊かな人間関係ができれば、人間関係の問題が解決することが期待できる。しかし、どのようにすれば人間関係を避けている人に、豊かな人間関係を実現できるのだろうか。対人関係ゲームでは活動的な遊びで、体を動かしたり声を出したりすることによって人と人がかかわるときの不安を緩和し、遊びの楽しい情動やゲームのハラハラ、ドキドキ感によって不安を解消して、無理なく人と交流できるように計画する。またソーシャルスキルが不足している場合にも、「ジャンケンをする」「紙に書いてある質問をする」などの容易なスキルを使うことで、人と交流できるようになる。また「できるだけたくさん勝つ」「四人でつくる」などの遊びの内容やルールによって、協力し合う、コミュニケーションをとるなどの交流が起こりやすくなる。そして人と一緒に活動することが、遊びの楽しい体験によって強化される。その結果、繰り返し対人関係ゲームに参加するようになり、しだいに新しい人間関係が形成されてくる。

助けたり助けられたり、協力したり一緒に楽しい体験をすることで、人間関係がうまくできなかった児童生徒の不安が低下し、ソーシャルスキルが向上し、評価懸念も低くなる。ほかの子どもたちにも変化が起こる。人間関係を苦手にしている子どもを積極的に遊びに誘ったり、交流がなかった子どものよさに気づくようになったりする。相手を尊重し相互に認めあう関係が生まれる。

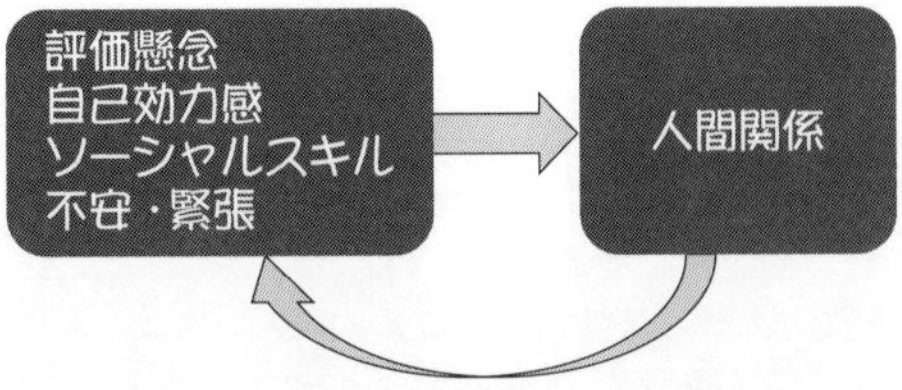

図8　特性と人間関係の円環的関係

②状況に埋め込まれた学習

対人関係ゲームがSSTやSGEと根本的に違うところは、状況に埋め込まれた学習という点である。このような学習は太古の昔からの伝統的な学びで、子どもたちは大人に交じって狩や農耕に参加しながら、弓矢の使い方や農具の使い方を学んできた。動物の習性、植物の性質、土や地形や気候について身体で覚えた。学校教育が始まる以前には、人びとは仕事に就きながら必要な能力を習得してきた(51)。

対人関係ゲームでは、「人と仲よくするには」とか「人とコミュニケーションをとるには」とか、特定の課題を取り出して教えることは原則的にしない。児童生徒はメンバーとして学級の活動に参加して、ソーシャルスキルや集団と人間関係について体験的に学ぶ。学級によい人間関係ができると、関係の中でソーシャルスキルは自然に使われ身につくようになる。

さらに人間関係や集団についての学びを深めるために、学級集団づくりが必要になる。人間関係を発展させるために対人関係ゲームには五種類のゲームが用意されており、集団形成と個人の尊重の二側面の発達が考えられている（表2）。孤立や排斥をなくし、グループの垣根を越えて学級の誰とでも協力したり話し合ったりできる学級環境をつくるには、交流するゲームを繰り返し行うことから始まる。そして集団形成において協力するゲームは人間関係づくり、仲間づくりの中核となる。交流するゲームや協力するゲームを繰り返すことで、学級全体に仲間意識やわれわれ意識がはぐくまれてくる。楽しいゲームは繰り返し楽しめる。交流するゲームや協力するゲームを繰り返し行ってから実施する役割分担し連携するゲームは、学級が組織として学校行事や学級活動に取り組むための社会的能力を養う。このように、学級はみんなが交流して、相互に協力し合い、役割分担と連携ができる集団へと発達していく。

その一方で、お互いに生き方や持ち味を尊重するという課題が生じる。学級全員で大縄跳びに挑戦することになったとしよう。やりたくないと思っている子どもがいても、集団圧力を感じて参加せざるをえないのではないだろうか。みんなが盛り上がるなか、これらの少数の子どもたちに目が向かないこともある。個人に目を向け、個人を尊重し合うゲームが心をかよわすゲームである。

表2　対人関係ゲームの種類

集団の形成	個人の尊重
役割分担し連携するゲーム くまがり／とっつぁんとルパン サッカー／二人でカンけり	**折り合うゲーム** みんなでコラージュ／集団絵画 新聞紙タワー／ストロータワー
協力するゲーム 凍り鬼／あいこジャンケン／人間いす カモーン／人間知恵の輪／手つなぎ鬼	**心をかよわすゲーム** わたしの木／ユアストーン わかれの花束／いいとこさがし
交流するゲーム 後出しジャンケン／ひたすらジャンケン／ジャンケン列車／木とリス ジャンケン・パフォーマンス／ラッキーセブン・ジャンケン ジャンケン・ボウリング／キャッチ／クッキーデート／探偵ゲーム 足し算トーク／進化ゲーム	

さらに折り合うゲームで、自分の気持ちと他者の気持ちを尊重しつつ、他者と折り合い自分と折り合うことを身につけていく。自他の気持ちを尊重して自己表現することを身につけるために、行動療法で一般的に使われるアサーション・トレーニング（主張訓練）のようにスキルを学ぶのではない。他者の思いを尊重しながら自分の気持ちを表現するアサーションの基になる人間関係を体験的に学ぶことになる。

このように対人関係ゲームを活用することによって、集団の使命を共有して、それぞれの持ち味を生かしながら目標を達成する集団づくりを行う。その集団に参加しながら、児童生徒は人間関係と集団について学習する。対人関係ゲームの五種類のゲームを直線的に配置するよりも、らせん状の発展を考えて計画する。学校行事や学級の係の仕事なども達成集団づくりに組み込める。

③価値のトライアングル

社会的競争で挫折した青年が「楽しいことがない」「人間関係で強い不安を感じる」と訴えることがある。そこから価値のトライアングルの発想が生まれた（図9）(50)(52)。

社会的パワー志向は、人と競って勝ちたいとか社会的に成功したいという思いに強く動機づけられる側面である。活動志向は、興味関心のあるスポーツや活動に夢中になるとか、物づくりをおもしろがる側面である。人と共に志向は、人の役に立つとか人と楽しむ側面である。そして、隣同士には共通の要素があり、人と共に志向と社会的パワー志向は人間関係、活動志向と社会的パワー志向はやり遂げるという達成、活動志向と人と共に志向はおもしろがる楽しいという興味・関心である。詳しい説明は一章（4）（21頁）にある。

三つの志向得点をつなぐことで、いろいろな形の三角形が描かれる。学校教育では知識やスキルの習得に重点が置かれており、社会的パワー志向が強くなり、学ぶことをおもしろがるとか一緒に学ぶ仲間との関係を楽しむことが実感しにくくなりやすい。しかし人間関係を楽しみ仕事をおもしろがることは社会生活を送るうえで重要である。対人関係ゲームは競争に勝つという要素もあるが、活動をおもしろがり人間関係を楽しむ体験を重視している。

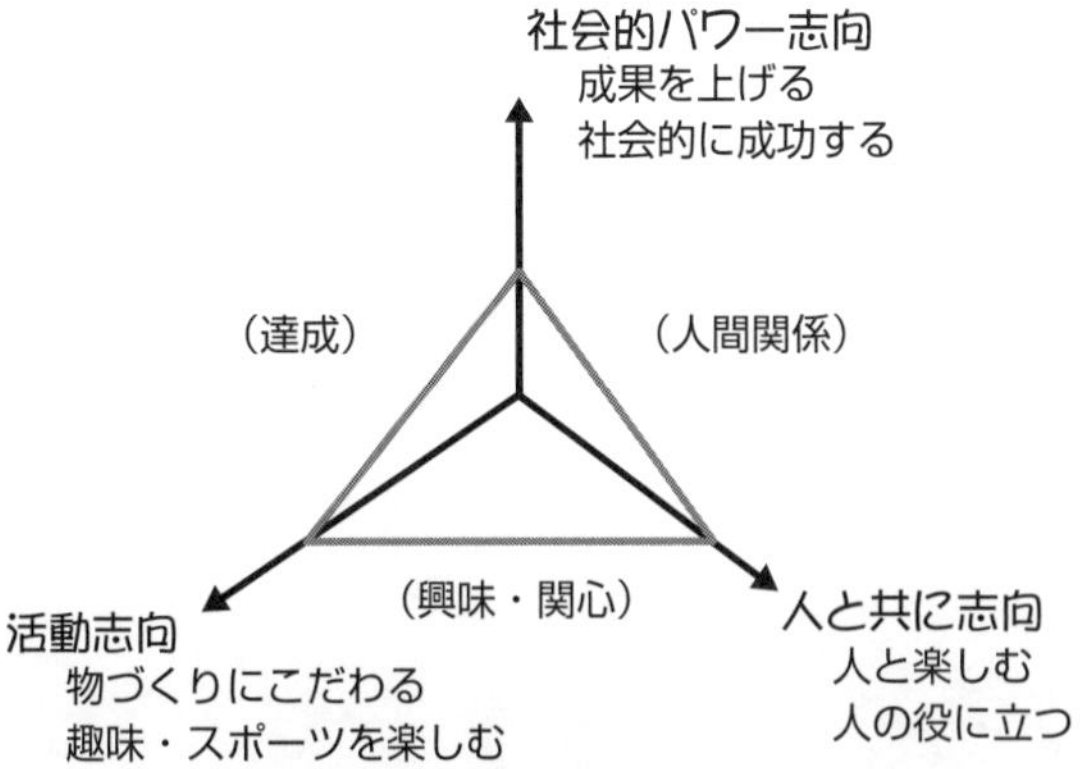

図9　価値のトライアングル

④システムズ・アプローチの視点

システムとは、複数の要素が有機的に関係し合って全体としてまとまって機能している集合体をいう（図10）。対人関係ゲームは児童生徒をつなげる技法として出発したが、集団づくりによって人間関係と集団を学ぶ技法として発展し、さらに学級システムに介入する技法としての活用もされるようになった。学級集団づくりでは児童生徒だけが視野に入っていたが、学級システムには児童生徒だけではなく担任教師が含まれる。学級システムの硬直した状態を解消し、流動性と関係性を生む方法として「学級システムプログラム」が誕生した（五章（1）122−127頁）。

学級システムは変化し発達する。要素である児童生徒は、幼児期・児童期・青年期と心理的に発達していく。また教師も発達する。形態的には、

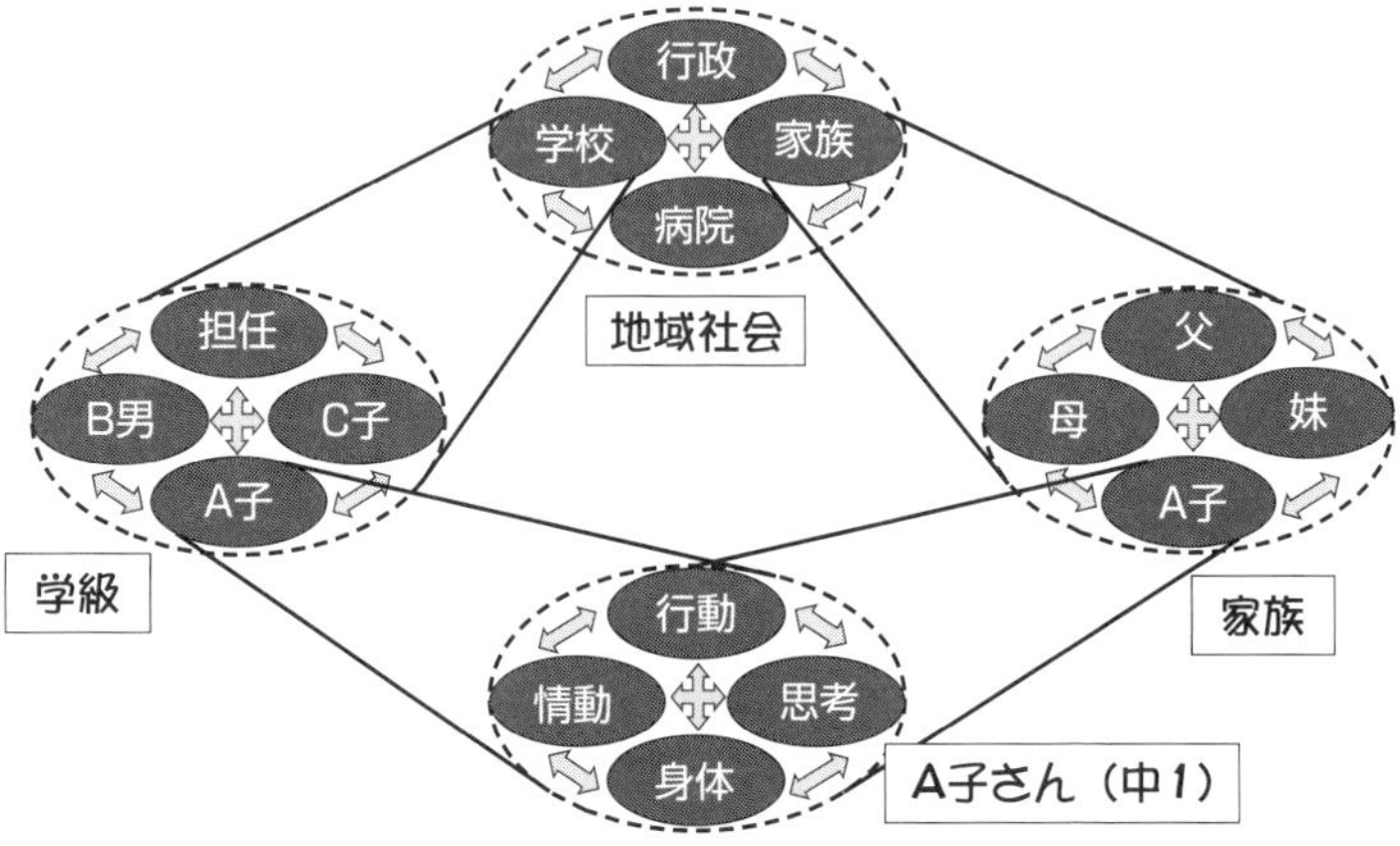

図10　学級システムと家族システム

個々ばらばらの状態から多数の小集団からなる集団となり、さらに一つか二つの大きな集団と少数の孤立者がいる状態へと変化する。教師の受け入れられ方にも変化が起こる。機能的には、断絶したよそよそしい状態から交流し協力し合う状態へ、さらに折り合い役割分担して連携するなごやかで温かい雰囲気の集団へと発達する。

中学生になると学校環境が大きく変化し、経験してきた学校風土の違う生徒と一緒になり、青年期の心理的不安定さが加わって、学級システムが機能不全に陥りやすくなる。担任と生徒との関係も変化する。学級システムの機能不全と中学での不登校の急増が関係している可能性を否定できないだろう。

学校生活に困難のある児童生徒を援助する場合、子ども本人に働きかけることが多かった。学校の教育相談では、だいたいそうやってきたのではないだろうか。行動療法でも同じである。臨床心理学のほかの理論に比べて個人と環境との関係を重視している点に特徴があるが、個人が環境との相互作用によって適応的な行動習慣を形成していくプロセスに焦点化している。つまり学校と折り合いの悪い児童生徒の行動は不適応行動であり、行動療法では不適応行動の修正をめざしてきた。しかし、不登校の児童生徒の登校支援をしているうちに、しだいに私の援助は環境調整による学校と子どもの折り合いの修正へと変化してきた。

対人関係ゲームは、学級の人間関係に介入するシステムズ・アプローチとしての特徴を備えている。集団の力を借りて個人の成長をめざすグループ・アプローチとは本質的な違いがある。たとえばベーシック・エンカウンターグループは、知らない者同士が集まって二泊三日などの一定期間に寝食を共にして語らい、体験による認知的変容と人間的成長の後は、それぞれの地域や組織にもどる。それに対してシステムズ・アプローチは家族や学級集団などの日常のシステムに介入する方法であり、個人の認知や行動の修正を目標にするのではなくて関係性の変容をめざす。

⑤楽観性と脳神経回路

あなたは「楽観性とは？」と問われて、どう答えるだろう。大学の授業で学生に楽観性とは何かと訊いたことがある。「何も考えずに行動すること」という返事が返ってきた。悲観性があれこれ考えて行動しないことなら、楽観性は考える前に行動することかもしれない。しかしパーソナリティの違いは危機的状況のなかではっきりと表れる。楽観性とは困難な状況を切り抜けるために積極的に行動し力強く生きることであり、困難な状況を回避して消極的な行動をとりネガティブな思考を繰り返す悲観性とは違っている。ポジティブ心理学は、楽観的な行動様式をとる人はハッピーな人生を送る可能性が高いことを明らかにしている。

楽観性と悲観性は、脳神経回路との関連も知られるようになった（図11）。不安が強くて危険を避けている人は、危険を察知して回避行動を引き起こす扁桃体と前頭前皮質を結ぶ神経回路が発達している。そのために、危険をいち早く感じとって必要以上に慎重になって尻ごみする(9)。この回路は不適応行動の認知・行動モデル（図6、73頁）の認知バイアスと関係していると考えられており、刺激によって扁桃体が活性化されることで人が刺激を脅威と受け止めて恐怖反応や不適応行動を引き起こすものと思われる。

私が学生のときは、脳神経細胞はある年齢を過ぎると増えないというのが定説であった。しかし、よくテレビ画面で脳画像を目にするように、MRI（磁気共鳴画像）装置などの開発で脳の科学的研究が進んで、最近では、高齢者でも脳神経細胞は増えていることがわかってきた。神経回路は筋肉のように鍛えることもできる。対人関係ゲームのめざすところは、人と一緒に楽しい体験をし、人と協力したり人に支えられて目標を達成したりする体験を繰り返すことで、前頭前皮

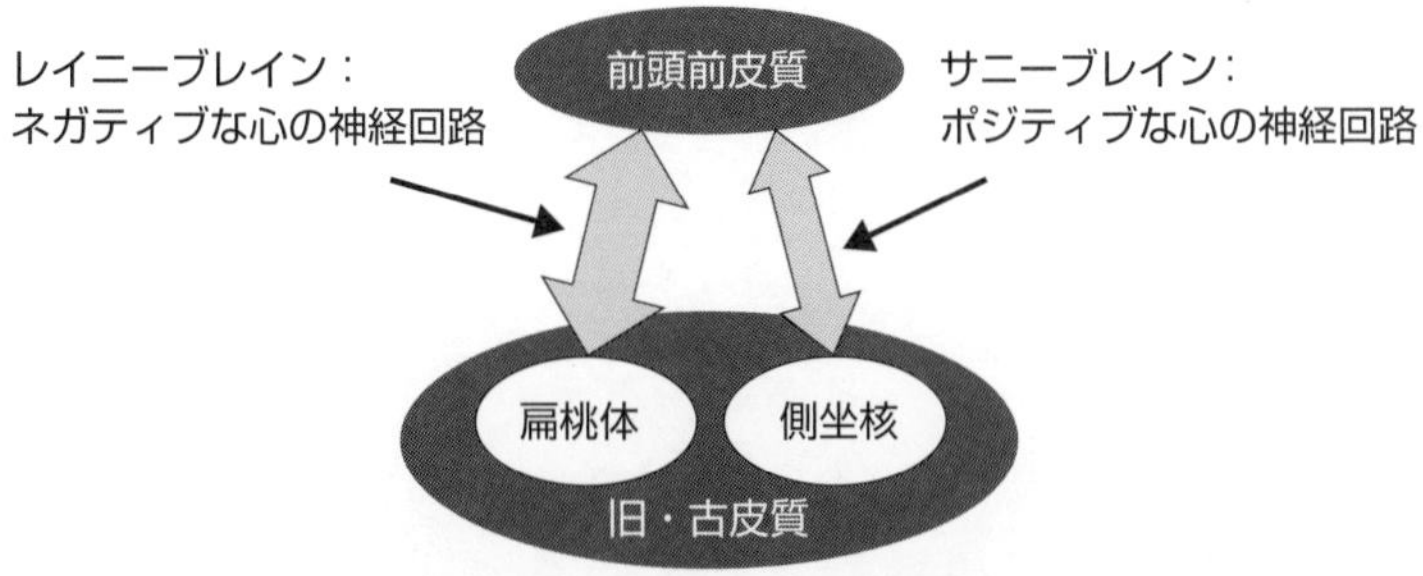

図11　楽観性と神経回路

質と側坐核などの報酬中枢を結ぶ神経回路を発達させることである。それによって前頭前皮質と扁桃体の神経回路を抑制して、ポジティブな側面を注目するように認知バイアスを修正できる。困難に直面しても人に支えられて目標を達成できるという楽観的な信念を育てることができるのではないだろうか。

3 クラスの特徴に合わせたゲームの選択

各ゲームには特徴があるので、それを理解してセッションの内容を構成していく必要がある。ゲームを選ぶときは、人間関係で苦戦している子どもや気になっている子どもが、このゲームでどのような経験をするかを想像することがプログラムを構成するうえで重要な視点となる。そして担任がリーダーになって児童生徒が対人関係ゲームに参加できる環境を用意することが大切になる。みんなで対人関係ゲームに参加することで学級システムに変容が起こり、学級システムが変容することで個々のメンバーに変容が起こる。どのような経験をするかは、参加者個人の姿勢によっても違ってくる。人間関係をつくる能力やできあがっている人間関係と集団の状態、そしてゲームを展開するリーダーの教示の仕方によってもゲーム内容が変わり体験の内容が違ってきたりする。対人関係ゲームをどのように展開するかによって、児童生徒と教師との関係性にも変化が起こる。

①はじめての出会いの場合

新学年になってクラス替えがあった場合や学級懇談会などで保護者がはじめて顔を合わせたときには、言葉を交わしたり協力したりする人間関係づくりが重要となる。リーダーの「好きな果物」「好きな花」などの合図で、同じ物を選んだ人同士で四～五人のグループをつくり、自己紹介や言葉を交わしたりすることを数回繰り返す。またジャンケンゲームなどの交流するゲームや協力するゲームを繰り返し行って、親和感がもてるようにする。参加しない子どもや参加できない子どもがいる場合は、「一緒にやろう」などの声掛けをするが無理強いはしない。孤立している子どもの理由を考えて配慮することが必要とされる。

②不安や緊張が非常に強い子がいる場合

不登校の児童生徒をはじめとして選択性緘黙や引っ込み思案の子どもが人と交流するときは、不安や緊張が非常に強くなる。自分がどう思われるか気にする評価懸念なども起こる。不安や緊張が高くなって身も心も固まってしまうと、人と交流するどころではなくなる。

人と交流するときの最初の不安や緊張を緩和する方法として、身体運動反応を活用する。

つまり、運動量が多く発声をともなう交流するゲームのうち、簡単な社会的スキルで交流できるゲームから始める。つまりジャンケン系のゲームが選ばれることが多い。人とダンスなどをするとオキシトシンというホルモンが分泌されることが知られている。オキシトシンは人に対する警戒心を低下させるホルモンである。交流するゲームや協力するゲームで一緒に楽しい経験を積むとオキシトシンが分泌され、危険の警報装置である扁桃体の活動が抑えられる。そして、人とスムーズに交流できるようになることが期待できる。人とともに楽しい体験をして人との豊かな交流が生まれると、そのなかでソーシャルスキルが使われスキルの学習や上達が起こる。また、人に受け入れられ人の役に立つ経験をしていくと、評価懸念は低下して人からどう思われるかということも気にならなくなる。

③ゲーム参加に困難がある子がいる場合

発達に課題がある児童生徒などルール理解が難しい場合には、図に描いて視覚化するなど、理解しやすい工夫をする。また「ジャンケンをする」、「紙に書いてある質問をする」などの容易なソーシャルスキルを使う。全員でゲームをする前に、個別に一度体験しておくのもよい。最初はゲームに参加しない子が、突然参加するようになることも少なくない。ほかの人がやっているのを脇で観察していたものと思われる。何度もゲームを繰り返すとルール理解が深まる。遊びは何度やっても楽しいので、繰り返し行える。

刺激に過敏な児童生徒がいる場合には静かなゲームを選ぶとか、最初は身体接触のあるゲームをさけて少しずつ慣れるようにするなどの工夫をする。

④排斥のある場合

排斥されている児童生徒がいたりいじめがある場合は、その解決が急がれる。そのうえで交流するゲームを繰り返すことから始める。ひたすらジャンケンやジャンケン・ボウリングなど、排斥を受けている子どもが動かなくてもほかの人がかかわってくるゲームを選択する。

観察を続けていてよく接触してくる子どもがわかったら、その後のゲームでは同じグループになるようにするのも工夫のひとつとなる。そして少しずつ人間関係の輪を広げていく。多くの子どもがかかわってきてくれると自信がついてきて、しだいに自分からも人とかかわっていくことができるようになる。

⑤学級が荒れている場合

授業が成り立たないなど学級が荒れている場合には、人間関係を苦手としている子どもはその影響を強く受ける。荒れている学級では、最初は全員が参加することにこだわらないほうがよい。参加しないでまわりで観察している子どもがいても仕方ないことと思うことが必要となる。最初は参加しなかった子どもも、ほかの人が楽しくやっているのを見ていると、ゲームに参加したくなる。そして、一人二人と参加するようになり、間もなく全員が参加するようになる。待つ姿勢が重要となってくる。

参加しない子どももいるので、長時間のゲームは避ける。短くて楽しくて盛り上がるゲームを毎日のように繰り返す。みんなで楽しい体験を共有することが人間関係の改善につながる。また、ゲームはルールを守らないと成り立たない。ゲームのやり方をみんなで考えて決めることで、ルールを守る習慣形成にも、よい影響が期待できる。

⑥学級集団づくり

対人関係ゲームには集団の発達について二つの側面と五種類のゲームがあることはすでに述べた（106頁）。学級集団がどのような状態にあるのかをとらえたうえで、人間関係に難しさのある児童生徒がゲームでどのような経験をするかを考えながら、学級集団が発展していくように計画を立てることが重要となる。

5章
私たちの育ちをめざして
集団の成長からはじめるカウンセリング

1 対人関係ゲームの実用化がはじまる
——東京福祉大学心理学部

私は二〇〇九年、六三歳のときに東京福祉大学心理学部に再就職した。最初は池袋に研究室があったが、のちに王子に移転した。筑波大学での仕事は社会人大学院生の研究を支援することだったのが、東京福祉大学では若い学生を教えることに替わった。

七一歳になった現在では、学生との年齢差は半世紀を超えた。東京福祉大学は授業を重視しており、双方向対話型の授業をしているところに特徴がある。双方向対話型の授業に取り組むようになって、授業で使う資料づくりだけではなく学生と教師の人間関係づくりを強く意識するようになった。

カウンセリング活動では、登校支援のほかに、不安症やうつ病の人の援助も続けている。私の実践と研究を支えている認知・行動療法では、行動変容の第一世代、認知変容の第二世代の技法に加えて、五感とこころをフルに使うマインドフルネスや、善悪の判断をしないで不適応行動やネガティブな考えを全面的に受け入れるアクセプタンスなどの第三世代の技法を使うようになった。私のカウンセリングの援助も、いつの間にか症状をなくすという姿勢だけではなく、症状とつきあいながら生きるという柔軟な姿勢もとるようになっていた。そのほうが、ネガティブな考えが繰り返し頭に浮かんでくる強迫観念や反復思考などへの介入にはいいように思う。

登校支援についての研究は、対人関係ゲームの使い方とその効果がしだいに明らかになってきて、どんな教師でも使えて効果のあるものにする実用化の段階に入ってきた。対人関係ゲームの実用化の研究として「学級システムプログラム」の開発に取り組み始めた。これまでは、児童生徒の人間関係づくりによる学級集団づくりと担任と児童生徒の関係づくりを分けて考えてきたが、この二つを合わせて担任と児童生徒を構成要素とする学級システムづくりに統合することで、人間関係の視点から授業づくりも考えることができるようになった。対人関係ゲームによる学級システムへの介入の発想を得ることで、登校支援の幅が広がった。

中学になると不登校は急増する。不登校は小学校よりも中学校のほうがはるかに多い（図1、7頁）。小学校と中学校では教育環境が違うが、そのほかにも目に見えない変化が起こっている。中学校は生徒たちが複数の小学校から進学してくるので、異なった学校風土を経験してきた生徒が学級に混在することになる。中学校と小学校とは、教師の役割にも違いがある。また生徒たちは青年期に入って自己意識が芽生え価値の多様化が起こる。自分の将来が見えてくる生徒もいる。友人関係も変化し、孤立や競争を強く意識するようにもなる。クラスメイトとの人間関係に緊張が走り、学級システムに不具合が生じやすい。これらのことが中学校における不登校の急増と関係している可能性がある。そうであるならば、対人関係ゲームによって学級システムの機能が改善すれば、不登校の発生が少しは抑えられるだろう。

学級システムへの影響は、中学校入学時だけに不具合が及ぶのではない。小学校入学時の学級システムの形成プロセスでも離席行動などの問題が生じやすい。教師がその問題に手こずっていると、学級全体が落ち着かなくなって授業が成り立たない状態にいたる場合もある。また小中学校への入学時だけではなく、そのほかの時期にも、新年度のクラス替えや担任の交代による変化、子どもたちの心理的発達にともなって学級システムに問題が発生することがある。小学校や中学校で、子どもたちが伸び伸びと生活し豊かに発達する環境づくりができれば、不登校は減るのではあるまいか。

学校教育で対人関係ゲームが使えるようにするには、教師が教育活動で使いやすく、科学的根拠があり、おもしろくて、効果が実感できることが必要となる。

最初に対人関係ゲームの実用化の研究を行ったのは、富山県総合教育センター(59)(60)である。同センターの「学級の集団づくりプログラム」は、対人関係ゲームを使ったモデルプログラムと学級プログラムからできている。モデルプログラムとは、年度初めの四〜五月に行う七セッションの構成で、朝の会・帰りの会と学級活動の時間を使って対人関係ゲームを行う。学級プログラムは、一学期（四～五月）のモデルプログラムの実践を踏まえたうえで、二学期に学級のアセスメントに基づいて教師が自分の手で対人関係ゲームを構成して実施するようになっている。「学級の集団づくりプログラム」は、教師が興味をもてるようにすることで、対人関係ゲームが学級で使われるようになることをねらいとしている。その目的のために、プログラムを作成するときのいろいろな支援グッズが開発されている。ゲームを実施するときのシナリオも用意されていて、教師がそれを読むだけで実施できるように工夫されているところがすごい。

この研究に触発されて私が取り組んだのが、「学級システムプログラム」である。富山県総合教育センターの研究に指導講師としてかかわっていることもあり、「学級システムプログラム」の実施方法は同センターの研究から多くの示唆を得ている。「学級システムプログラム」は、実践者の負担を少なくして効果を最大にする工夫をすることで、対人関係ゲームが学級で使われるようになることをねらいとしている。そのために一学期の朝の会や帰りの会に五分程度でできる対人関係ゲームを組み込んで、担任と児童生徒の交流ときずなが深まり学び合いのできる温かい学級システムができあがることをめざしている。

子どもとの関係づくりや学級経営が苦手だと感じている教師にこそ、「学級システムプログラム」を使ってほしい。短時間でできることを基本として、教師が自信をもって実行できることを重視している。そして「学級システムプログラム」を出発点として、対人関係ゲームを自由に積極的に自分の教育実践で活用するようになることを期待している。

もちろん「学級システムプログラム」を使わなくても学級経営を上手に行っている教師も多い。対人関係ゲームと同様のことを授業でやっている教師も少なくない。そのような教師からも、「学級システムプログラム」を知ることが学級経営に役立つと賛同を得ることもある。「学級システムプログラム」によって、授業づくりや学級経営を苦手としている担任と学級に期待される効果がいくつかある。担任が対人関係ゲームを通して、児童生徒に楽しい体験をできるようにしたり、リーダーとしてルールを説明したり、孤立している子どもに配慮することで、教師自身や児童生徒との関係に変化が生まれてくる。また児童生徒はルールを理解しようと担任に耳を傾け、みんなでゲームを楽しむことで変化が起こると考えられる。

対人関係ゲームを実施することによる子ども相互の変化として、人間関係が温かい雰囲気になる、交流や協力行動が増えて助け合う行動が増える、クラスメイトへの関心や自他の気持ちを尊重する傾向が増すなどがみられる。担任に起こる変化としては、子どもを見る姿勢が変わる、対人関係ゲームで子どもへの説明の仕方を工夫するようになる、子どもとの関係性がよくなって子どもへの影響力が増す、学級経営の自信がつくなどがあげられる。

「学級システムプログラム」は、学級集団づくりだけではなく、授業づくりも視野に入れているところに特徴がある。授業中に起こる変化としては、担任と子どもの親近感が増す、担任が子どもにわかりやすく説明できるようになる、子どもにも担任の話を聞こうとする姿勢が生まれる、などがみられる。また、子ども同士に聞き合う姿勢ができ、子どもたちが積極的に発言するようになって、アクティブラーニングが取り入れやすくなる。それによって学習の成果が上がることが期待できる。

これらの変化を価値のトライアングルで考えてみよう。中学生が登校する理由についてはすでに考えてきた。成果をあげる、楽しい体験ができる、登校圧力の三要因がある。成果をあげるとは高い評価を得るとか知識・スキルを習得するという内容であり社会的パワー志向にあてはまる。楽しい体験には二領域あり、教師との関係や友だちとの関係を楽しいと感じるのは人と共に志向であり、楽しい学びと学級活動や学校行事をおもしろがるのは活動志向にあたる。図12に矢印で示されているように、①「学級システムプログラム」で教師と児童生徒の関係がよくなり子ども同士の関係がよくなると、学級活動や学校行事がおもしろくなってくる。また人間関係がよいと授業中の雰囲気がなごやかになり授業が活性化しやすくなる。②それによって学習の成果があがりやすくなり、知識やスキルの習得が容易に達成されるようになる。

このようにして子どもは学校生活が楽しくなり、児童生徒の欠席が減って、教師のストレスも減ることが期待できる。「はじめに」のところで、たとえとして水道の蛇口が緩んで水が漏れ出すことを書いた（ii頁）。水で濡れてしまった床を拭くことも必要ではあるが、蛇口を締めることを忘れてはならない。不登校問題も同じではないだろうか。すでに起きている不登校への支援と並行して、不登校の発生を減らす努力をしなくてはならない。それには子どもたちにとって学校生活を楽しく意味のあるものにすることが重要であろう。「学級システムプログラム」に想定している効果があるとするならば、不登校の発生が少しは減少することが期待できる。効果を実証するための研究にも二〇一六年から着手した(54)。

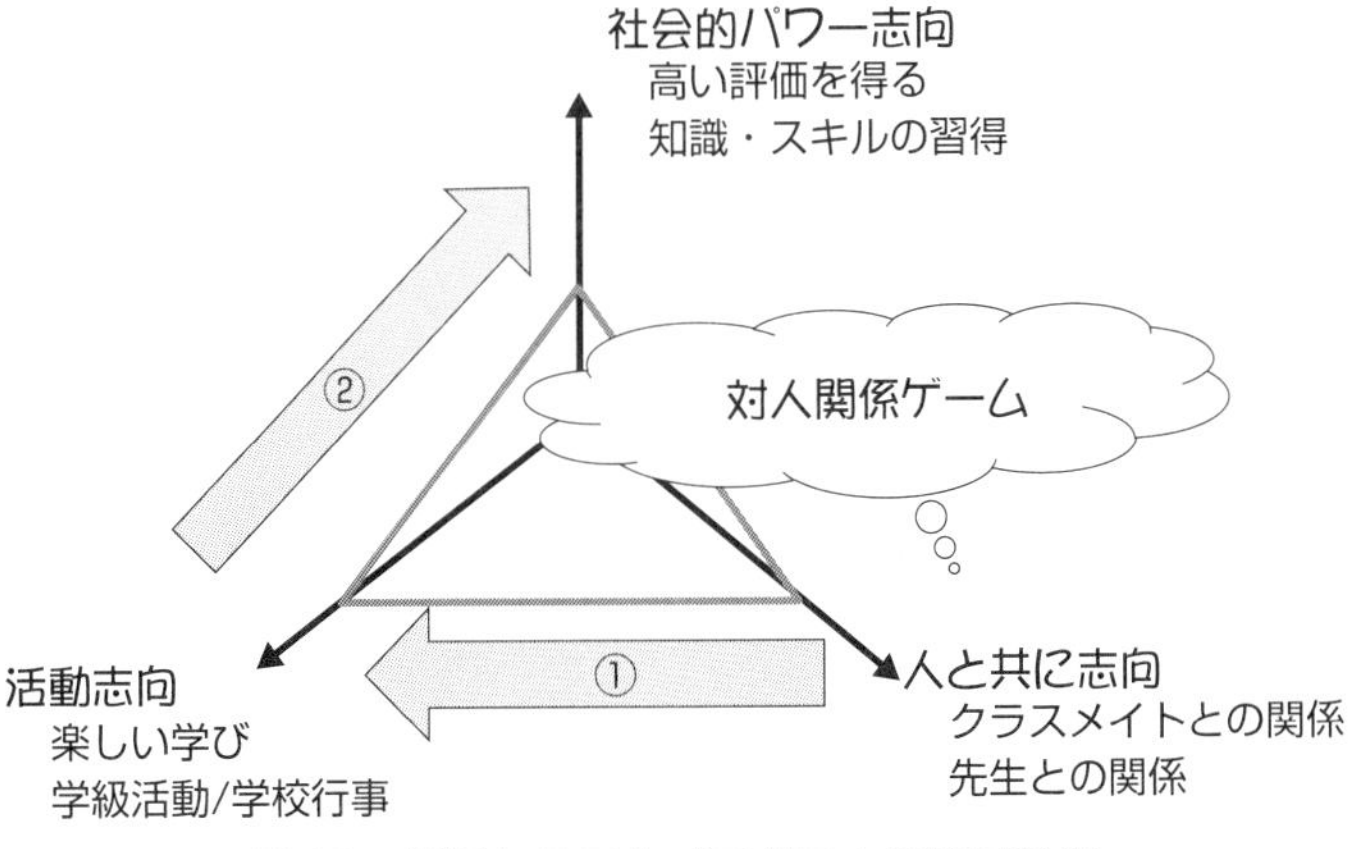

図12　学級システムプログラムの波及効果

2 学級システムが変わると子どもが変わる

これまでおもに不登校の課題のなかで対人関係ゲームを論じてきたが、学級の人間関係がよくなることで、いろいろなことが起こることがわかっている。年度初めに使う「学級システムプログラム」に続いて、長野の田上臨床研究会や東京の「金塾」のメンバーによって課題別のプログラムの開発が進んでいる(32)。一章（4）の「教師こそ適任の援助者になれる」(21頁)ですでに述べたが、よい人間関係があり、意味のある活動ができ、楽しい、おもしろいという経験ができると集団の魅力度が上がり、児童生徒はより集団にコミットするようになる。またメンバー間の行動や気持ちに変化が生まれて、児童生徒の持ち味が発揮されるようになる(14)(15)(17)(18)(24)(34)(49)(51)。

事例16 クラスメイトによさが認められたA君

発達の遅れや多動症など発達に課題がある児童生徒は、発達の問題だけではなく人間関係もうまくいっていない場合も多い。そのことが、児童生徒の発達にネガティブな影響を与えていることが少なくない。人間関係がうまくいくと、子どもたちの行動に変化が生まれる。

A君は小学校四年生の男児。多動傾向があり、情緒不安定で、低学年時にはすぐかっとなって暴言を吐き、クラスメイトとのトラブルが絶えなかった。四年生になってA君は落ち着いてきたが、クラスメイトからは特別な子どもとみられている。A君には「自分なんか、どうせ……」と自己否定的な言動が目立った。四月からA君の担任になった教師は、学級の人間関係のつくり直しを考えて対人関係ゲームを導入した。

一学期に対人関係ゲームをやり始めたときには、A君は勝敗のあるゲームでは勝つことにこだわり、負けるとチームの人にあたることが多かった。しかし、「ジャンケン・ボウリング」や「カモーン」などのゲームを繰り返すうちに、集団の中でみんなと一緒に楽しむようになった。そして「スクイグル」では、発想のユニークさが評価され、「Aさんて、おもしろいね」と、言われた。

二学期に「くまがり」をやった。A君は三〜五人で一緒にグループを組んでゲームに積極的に取り組んだ。表情も明るくなった。「共同絵画」や「みんなでコラージュ」では、おもしろい発想をどんどん出していった。同じグループの子どもたちもA君のおもしろいアイディアに気づいて一緒に楽しんでいた。教室でのようすも変化してきた。A君はクラスメイトから、「ひょうきんだね」と言われるようになった。またA君は授業でも積極的に発言するようになり、A君がよい考えを出すと、「A君すごい」という声がかかるようになった。

事例17 ソーシャルスキルが使えたB子さん

B子さんは発達に遅れのある小学校三年生である。支援学級の担任と通常学級の担任は、通常学級の子どもたちとの交流がスムーズに行われることを願って対人関係ゲームを実施した。通常学級の担任がリーダーとなり、支援学級の担任がB子さんの横についてサポートした。対人関係ゲームをしていたときのこと、B子さんの腕がほかの子どもにぶつかった。B子さんが「ごめんね」と言うと、すぐに「いいよ」と返事が返ってきた。このことがB子さんにとってうれしかったらしい。

支援学級に戻ったとき、ほかの先生に「今日ね、『ごめんね』と言ったら『いいよ』と言ってくれた」と勢いよく話していた。支援学級のSSTで「ごめんね」「いいよ」「ありがとう」などの基本的な会話を学習していたが、実際に使えたことがよほどうれしかったらしい。よい人間関係をつくることが、学んだソーシャルスキルを使う機会を増やしてくれる。

事例18 学級の荒れからの回復

小学校四年生になってクラス担任が交代した。一年生から三年生までは若い女性の先生が担任し、とてもきちんとしたクラスだった。しかし四年生で担任になったベテランの男性の先生は、子どもが先生の顔色をうかがっているようなところが気になった。子どもたちへの指示を少なくして、子ども自身で考えて行動できるようにしたいと考えた。ところが、子どもたちは勝手に行動しても怒られることがないので、ますます好き勝手に行動し始めた。担任が交代して学級システムに変化が起こり、個々の子どもたちの行動が変わってきた。

七月に入ると授業に集中せず、遊び始めたり、席を離れて立ち歩くなどの行動が出始めたりした。いろいろなことが起こるなかで、担任が苦労したのはE君に対するいじめだった。子どもたちは、入学時にE君からやられた暴力や突然会話に割り込んでくる迷惑について申し立てた。E君には発達に特徴があった。

担任はこの学級に必要なことは、学級のルールづくりと多様な生き方を受け入れる人間関係と考え、週に一回対人関係ゲームを実施した。また、ほかの教師との連携や保護者の協力が必要と考えて実情を説明した。

最初の対人関係ゲームでは、E君と何人かの子どもたちは窓際に集まってようすを見ていたが、ゲームを繰り返すうちに一人二人と参加していった。担任はゲームが終わった時点で、おもしろく取り組めるのはルールを守ったからだということを強調した。

子どもたちが、対人関係ゲームを楽しんでいる様子を家庭にも伝えた。しだいにE君と子どもたちの関係が改善しトラブルも減少してきた。また授業中の様子も少しずつ変化し、話を聴く姿勢ができてきた。学級システムが新しく生まれ変わって、子どもたちの行動に落ち着きがみられるようになった。

事例19　ゆるしが起きた学級

六月に小学校六年生のX君の家族からの訴えがあり、担任の調査でいじめが発覚した。調査の結果、昨年十二月から集団のいじめがあったことがわかった。加害児童と親が被害児童の家を訪問し謝罪したが、教室にわだかまりが残った。担任は学級の人間関係のつくり直しを考えて、対人関係ゲームを一年間継続的に行った。対人関係ゲームを始めると、すぐに子どもたちの表情が明るくなった。くまがりを始めた頃には、子どもたちの間の緊張は減り、遊びで協力し合うようになった。とくに夏休み以降、教室内は笑い声があふれた。秋になると休日にクラス全員で遊ぶこともあった。

三学期になり六年間を振り返る単元を計画した。そのなかの『あの時、ごめんね』の授業では、加害者だった児童に声をかけられたX君が涙をこらえている姿があった。担任がX君に話を聞きにいくと、「あの時も謝ってもらったけれど、今ここでちゃんと謝ってくれて、なんだかすごくうれしい」と言った。担任がクラス全員に伝えると、加害児童だった六人も泣き出し、教室内でほかの子どもも加わって「あのとき、止めてあげられなくて、ごめんね」「いいよ、もういいよ」の言葉が相互に繰り返された。

ここにあげた事例だけではなく対人関係ゲームが活用できる領域が広がってきて、各地で有能な実践者が対人関係ゲームを展開している内容を聞くたびに私は感心するばかりである。対人関係ゲームは新しい段階にさしかかったような気がしている。

3 生き方を尊重した教育

困難な状況に出会ったときに、勇気を奮い起こして立ち向かい力強く生きようとする人と挫折感に打ちのめされてネガティブな思いをめぐらせる人がいる。前者は楽観性が高く前向きな性格の人で後者は悲観的な人といえる。心理学の実証的な研究から、楽観性が健康や幸せな人生に影響することが確かめられている。私は楽観的な生き方を表現して、「苦楽《くる》しい」「つらおもしろい」という造語を勝手に使っている。「苦しいけれど楽しい」「つらいけれどおもしろい」という意味で、困難な課題に一生懸命取り組んでいるときの気持ちである。こういう気持ちを仲間と共有したい。これは私の願望であり、対人関係ゲームによる仲間づくりのめざすところでもある。

確かに、困難な状況に一人で果敢に行動できる人もいる。伝説的な人物のなかには強靭な精神をもっている人がいるのだろう。しかし、支える仲間の存在も重要ではあるまいか。すでに述べた価値のトライアングルの視点から考えると、社会的成果をあげるというのは、「活動志向」と「社会的パワー志向」であり、これに「人と共に志向」が加わることで、三方向のバランスがとれる。「苦楽しい」「つらおもしろい」とがんばれるのは、人に支えられることで、自分の生き方を肯定できるからではないだろうか。

このようなことを考えている私には、最近の教育問題で疑問に感じることがある。そのひとつが、学力テストの都道府県別平均値の公表である。学校ごとに学力テストの平均値を問題にしようとしている地域もある。子どもたちには、それぞれの生き方がある。夢を実現するためにつけたい能力がそれぞれにあるのではないか。多様な生き方があるなかで、学力テストの全国の都道府県や全校の平均値を示す意味は何であろうかと考える。

起業家をめざす生徒は、学力テストの点数によって必要な能力の到達度をみることができるのだろうか。製造業の仕事をめざす生徒、声優をめざす生徒、スポーツをやりたい生徒、教師になりたい生徒、科学者になりたい生徒、商売人になりたい生徒、著述家になりたい生徒、行政の仕事に就きたい生徒……、それぞれに必要な能力は違うのではないか。

個人に得手・不得手があるということも尊重すべきであろう。苦手なことがあってはいけないのかと訊きたい。いろいろな人がいていいのではないか。特別支援教育が始まり、学校にはこれまでよりいろいろな生徒が通うようになっている。いろいろな生徒を大勢受け入れている学校の学力テストの平均点が低いからといって、そのことを問題としてどうするつもりだろう。

学力テストの平均点の前に、大事にしなければならないことはないのだろうか。困難な状況を切り抜けるために積極的に行動し力強く生きることこそ、大切にしなければならないのではないか。このこととテストの点数との関係は薄い。児童生徒の生き方を尊重することが必要で、自分や社会について考える時間を大切にしたい。そして一緒に考え生き方を支え合う人間関係が大切となる。

テストの点数が低いことで、児童生徒をいじめたり元気をなくさせたりするようなことをしてはならないというのが私の願いである。児童生徒の生き方を尊重して、苦難を恐れない楽観性を育てる教育を考えることはできないだろうか。

自分の生き方を実現するには、困難な状況に出会ったときに尻ごみして逃げ出しては事が始まらない。苦しいけれどおもしろい人生を生きることが必要である。それができるのは、生き方を後押ししてくれる人がいると思えるからであろう。自分は一人ではない、協力してくれる人がいて支えてくれるという信念があるからこそ、一歩を踏み出すことができる。その信念をはぐくむには、協力したり支え合ったりしながら目標を達成したという仲間との協働体験を必要としている。

それには学級システムづくりが欠かせない。特別なニーズのある児童生徒や個性的な児童生徒をあたりまえに受け入れる学級集団づくりを基本として、協力し合い支え合う学級システムづくりをめざす。そのときに対人関係ゲームが使える。今ほど集団の成長から始めるカウンセリングと教育が求められている時代はない。

文　献

（1） 安東末廣・高山　巌　1985　登校拒否――行動療法による小学生と高校生の治療例　上里一郎（編）行動療法ケース研究2　登校拒否（pp.113-124）岩崎学術出版社

（2） 青戸泰子・田上不二夫　2004　自己プランニング・プログラムにおける夢を語ることの意味について　カウンセリング研究, *37*, 369-378.

（3） 青戸泰子・田上不二夫　2005　“他者とのポジティブな関係”と不登校生徒の自己イメージの変容との関連――中学校で不登校に陥ったA君への援助事例　カウンセリング研究, *38*, 406-415.

（4） 青戸泰子・田上不二夫　2007　自己プランニング・プログラムによる相談学級での不登校生徒への援助とその効果　カウンセリング研究, *40*, 344-354.

（5） ベック, A.T.（大野　裕訳）1990　認知療法――精神療法の新しい発展　岩崎学術出版社

（6） ドラッカー, P.F.（上田惇生訳）2001　マネジメント［エッセンシャル版］――基本と原理　ダイヤモンド社

（7） エリス, A.（野口京子訳）1999　理性感情行動療法　金子書房

（8） 不登校生徒に関する追跡調査研究会　2014　不登校に関する実態調査――平成18年度不登校生徒に関する追跡調査報告書　文部科学省

（9） フォックス, E.（森内　薫訳）2014　脳科学は人格を変えられるか？　文藝春秋

（10） 現代教育研究会　2001　不登校に関する実態調査――平成5年度不登校生徒追跡調査報告書　文部科学省

（11） 花谷深雪・高橋　智　2004　戦後日本における「登校拒否・不登校」問題のディスコース――登校拒否・不登校の要因および対応策をめぐる言説史　東京学芸大学紀要1部門, *55*, 241-259.

（12） 平井義信　1975　学校嫌い――こうして直そうこうして防ごう

日新報道出版部
(13) 石隈利紀　1999　学校心理学――教師・スクールカウンセラー・保護者のチームによる心理教育的援助サービス　誠信書房
(14) 伊澤　孝・田上不二夫　2008　対人関係ゲームによる学級の人間関係づくり（25）――対人関係ゲームとソーシャルスキル教育の組み合わせの効果　日本カウンセリング学会第41回大会発表論文集, 169.
(15) 伊澤　孝・田上不二夫　2009　対人関係ゲームによる学級の人間関係づくり（31）――書き込みいじめが発覚した小学校高学年学級へのグループ・アプローチによる介入　日本カウンセリング学会第42回大会発表論文集, 84.
(16) 鹿嶋真弓・田上不二夫・田中輝美　2012　中学生用学級集団構造尺度の作成と信頼性・妥当性の検討　カウンセリング研究, *44*, 227-234.
(17) 岸田優代　2003　軽度発達障害の綾子さんと3年1組　田上不二夫（編）対人関係ゲームによる仲間づくり――学級担任にできるカウンセリング（pp.79-89）金子書房
(18) 岸田優代　2010　特別支援学級と通常学級の連携　田上不二夫（編）2010　実践グループカウンセリング――子どもが育ちあう学級集団づくり（pp.154-158）金子書房
(19) 岸田幸弘　2015　子どもの登校を支援する学校教育システム　福村出版
(20) 北原恵美・田上不二夫・中村恵子　2015　対人関係ゲームによる学級の人間関係づくり（76）――多部制・単位制高校における対人関係ゲーム導入プログラム　日本カウンセリング学会第48回大会発表論文集, 145.
(21) 小泉英二・向後　正・相本恒郎・相馬健次　1975　登校拒否にどう対するか――クラス担任を中心として　学事出版
(22) 國分康孝　1992　構成的グループ・エンカウンター　誠信書房
(23) 国民教育文化総合研究所　2007　子どもの視点に立った不登校問題再検討研究委員会報告――子どもの最善の利益を求めて　国民文化研究所

(24) 松澤裕子・田上不二夫　2004　対人関係ゲームによる学級の人間関係づくり (5) ——AD/HD 児と学級集団の関係の変化　日本カウンセリング学会第 37 回大会発表論文集, 294-295.

(25) 松澤裕子・高橋知音・田上不二夫　2009　特別な教育的支援を必要とする児童の学級親和を促進する要因　カウンセリング研究, *42*, 267-277.

(26) 中島英二・山柿三夫・中野武房・佐藤義昭・永山　務・阪本宣史・大桃康治・千葉賢一・小笠原愈・川守田正康・平緒義親　1984　神経症的登校拒否に関する研究（その 3）北海道立教育研究所紀要, 103 号, 1-71.

(27) 中村恵子　2011　学校カウンセリング——問題解決のための校内支援体制とフォーミュレーション　ナカニシヤ出版

(28) 中村恵子・田上不二夫　2005　チーム援助での援助構造の明確化による効果　カウンセリング研究, *38*, 416-425.

(29) 中村恵子・山本淳子・鹿嶋真弓・田上不二夫　2005　対人関係ゲームによる学級の人間関係づくり (10) ——学校生活充実感尺度（中学生版）の作成　日本カウンセリング学会 38 回大会発表論文集, 209.

(30) 西澤佳代・田上不二夫　2001　対人関係ゲーム・プログラムによる不登校児の指導　カウンセリング研究, *34*, 192-202.

(31) 奥地圭子　1983　登校拒否が教育の原点に立たせる——東京拒否児を抱えた母親教師の手記　渡辺　位（編）登校拒否——学校に行かないで生きる (pp.79-115) 太郎次郎社

(32) 大澤靖彦・田上不二夫　2015　対人関係ゲームの動向と展望　東京福祉大学・大学院紀要, *6*, 87-107.

(33) パブロフ, I.P.（川村　浩訳）1975　大脳半球の働きについて——条件反射学（上）（下）岩波書店

(34) 酒井　希・田上不二夫　2008　対人関係ゲームによる学級の人間関係づくり (26) ——広範性発達障害児のいる学級での「くまがり」の実践　日本カウンセリング学会第 41 回大会発表論文集, 170.

(35) 園田順一　1971　学校恐怖症に関する臨床心理学的研究——行動

理論からのアプローチ　鹿児島大学医学雑誌，*23*，581-619.
(36) 園田順一　1983　行動療法の立場から　内山喜久雄（編）登校拒否（pp.96-117）金剛出版
(37) 園田順一　1985　登校拒否――登校強制法による治療例　上里一郎（編）行動療法ケース研究 2　登校拒否（pp.31-44）岩崎学術出版社
(38) 鈴木　翔　2012　教室内カースト　光文社
(39) 鈴木康久・田中幸治・駒木明仁・綿引一男・増田久美子　1984　ぼくたちの朝　教育資料出版社
(40) 田上不二夫　1980a　登園拒否　内山喜久雄（編著）行動臨床心理学（pp.211-216）岩崎学術出版社
(41) 田上不二夫　1980b　非社会的行動　高野清純・岩井　寛（編）教育臨床（児童期）（pp.142-177）日本文化科学社
(42) 田上不二夫　1981　条件運動反応による系統的脱感作法　信州大学教育学部紀要，*45*，73-80.
(43) 田上不二夫　1983a　血管運動反応に及ぼす運動反応と筋弛緩反応の制止効果の比較研究　行動療法研究，*8*，132-136.
(44) 田上不二夫　1983b　拮抗動作法による動物恐怖症の治療　カウンセリング研究，*15*，59-65.
(45) 田上不二夫　1984　恐怖刺激に対する血管運動反応に及ぼす身体動作の制止効果　信州大学教育学部紀要，*52*，9-13.
(46) 田上不二夫　1990　登校拒否・家庭内暴力　黎明書房
(47) 田上不二夫　1992　高所恐怖の幼稚園の男の子　マインド・トゥディ創刊 1 号，79-80.
(48) 田上不二夫　1999　実践スクール・カウンセリング――学級担任ができる不登校児童生徒の援助　金子書房
(49) 田上不二夫（編）2003　対人関係ゲームによる仲間づくり――学級担任にできるカウンセリング　金子書房
(50) 田上不二夫　2004　価値の三角形　児童心理 3 月号，29.
(51) 田上不二夫（編）2010　実践グループカウンセリング――子どもが育ちあう学級集団づくり　金子書房
(52) 田上不二夫・鹿嶋真弓　2006　対人関係ゲームによる仲間づくり

(11) 社会生活動機づけテストの開発　日本カウンセリング学会39回大会発表論文集, 272.

(53) 田上不二夫・今田里佳・岸田優代（編）2007　特別支援教育コーディネーターのための対人関係ゲーム活用マニュアル　東洋館出版

(54) 田上不二夫・岸田幸弘・大澤康彦・丹野宏昭・瀧澤洋司（印刷中）学級集団プログラム実施マニュアル

(55) 田上不二夫・清水知子・久能　徹・松村美智子・太田裕子・千葉冨佐子・今井恵子　1976　自閉的および非社会的幼児の行動変容　教育相談研究, *15*, 47-60.

(56) 田上不二夫・内山喜久雄　1993　身体運動反応による情動反応の消去手続きに関する研究　行動療法研究, *19*, 110-115.

(57) 田上不二夫・氏森理子・清水知子・滝沢憲子・与儀明子・久能徹　1974　遊戯場面における幼児の行動変容　教育相談研究, *14*, 57-73.

(58) 谷川幸代・鳥谷幸枝・向井幸生　1983　近年の文献に報告された登校拒否症例（300例）に関する疫学的研究（登校拒否の成因と予後を左右する要因の分析）第2編　どんな子が登校拒否になりやすいか（登校拒否の成因について）茨城大学教育学部紀要（自然科学), 32号, 93-107.

(59) 富山県教育総合センター　2015　学級の集団づくりプログラムの効果に関する調査研究――小学校中学年における対人関係ゲームを用いた仲間づくり　富山県総合教育センター研究紀要, 33号, 55-87.

(60) 富山県教育総合センター　2016　学級の集団づくりプログラムの効果に関する調査研究（第2報）――中学校における対人関係ゲームを用いた仲間づくり　富山県総合教育センター研究紀要, 34号, 47-88.

(61) 渡辺　位　1983　登校拒否――学校に行かないで生きる　太郎次郎社

(62) ウォルピ, J.（金久卓也監訳）1977　逆制止による心理療法　誠信書房

(63)　山岸竜治　2002　不登校問題における〈性格・育て方原因説〉言説の問題性　教育学雑誌, 37 号, 49-63.

田上不二夫 (たがみ ふじお)

東京福祉大学教授。筑波大学名誉教授。教育学博士（筑波大学）。

1973年東京教育大学博士課程中退。信州大学講師，筑波大学教授を経て2009年から現職。認定カウンセラー（スーパーバイザー）。日本カウンセリング学会理事長。

主著に『実践 スクール・カウンセリング――学級担任ができる不登校児童・生徒への援助』『対人関係ゲームによる仲間づくり――学級担任にできるカウンセリング』『実践 グループカウンセリング――子どもが育ちあう学級集団づくり』『学級の仲間づくりに活かせるグループカウンセリング――対人関係ゲーム集』（いずれも金子書房）ほか。

不登校の子どもへのつながりあう登校支援
対人関係ゲームを用いたシステムズ・アプローチ

2017年1月31日 初版第1刷発行 検印省略

著 者 田上不二夫
発行者 金子紀子
発行所 株式会社 金子書房
〒112-0012 東京都文京区大塚3-3-7
TEL03-3941-0111／FAX03-3941-0163
振替00180-9-103376
URL http://www.kanekoshobo.co.jp

印刷／藤原印刷株式会社 製本／株式会社宮製本所
装幀／中濱健治

ISBN978-4-7608-3264-4 C3037 Printed in Japan